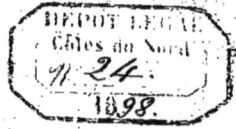

ARRÊT

DE MAINTENUE DE NOBLESSE

DE LA MAISON

DE LA GOUBLAYE

(13 JUILLET 1770)

Publié avec des notes et pièces justificatives

PAR

J. DE LA GOUBLAYE DE MÉNORVAL

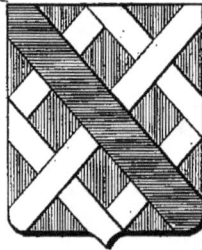

SAINT-BRIEUC

IMPRIMERIE-LIBRAIRIE-LITHOGRAPHIE RENÉ PRUD'HOMME

1897

ARRÊT

DE MAINTENUE DE NOBLESSE

DE LA MAISON

DE LA GOUBLAYE

(13 JUILLET 1770)

Publié avec des notes et pièces justificatives

·PAR·

J. DE LA GOUBLAYE DE MÉNORVAL

2496.

SAINT-BRIEUC

IMPRIMERIE-LIBRAIRIE-LITHOGRAPHIE RENÉ PRUD'HOMME

—

1897

NOTICE

La Maison de La Goublaye (1) compte parmi les plus anciennes de Bretagne, celles dont on ne peut trouver le principe de la Noblesse.

Son berceau est la terre de la Goublaye (2), en la paroisse de Saint-Alban, évêché de Saint-Brieuc, et le premier connu de ses membres est Guillaume de

---

(1) La forme la plus ancienne de ce nom est aux XIVe et XVe siècles : « *Goibloye* » ou « *Gouibloye* ».

(2) Vers 1504, Gilles de la Motte, Sgr de la Goublaye, vendit cette terre à Alain Bérard, Sgr de la Ville-Téhart, époux de Marguerite de Rochefort, avec faculté de réméré. Ne se trouvant pas en état d'exercer le retrait pendant le temps convenu, il céda son droit à son parent maternel Jehan Visdelou, Sgr du Colombier, époux de Marguerite Abraham, qui l'exerça en 1512 et devint ainsi Sgr de la Goublaye, qui appartient encore à ses descendants.

Indépendamment des nombreuses terres qui, à Saint-Alban et environs, même à Saint-Brieuc (*Les huches Saint-Guillaume-Goublaye* en 1583) ajoutèrent le nom de Goublaye à leur nom primitif par suite de leur possession par quelque membre des familles de La Goublaye ou Visdelou, on connaît encore deux terres du même nom : 1o La Goublaye en la paroisse de Dolo, près Jugon, mentionnée en 1681 (*Archives des Côtes-du-Nord,* série A, 18) ; 2o La Goublaye en la paroisse de Pannecé, évêché de Nantes. Nous ne serions point étonné de trouver un jour quelque lien rattachant ces deux terres aux La Goublaye ou aux Visdelou. Déjà nous remarquons en 1649 la mort, à Mézanger, paroisse limitrophe de Pannecé, de Jacques Bertho, Sr de la Forière, du pays de Lamballe ; or, quelques années plus tard (1673), un de La Goublaye s'allia à Eléonore Bertho de la Cornillère, dame de la Forière.

La terre de la Goublaye, en Saint-Alban, était sergentise féodée de Penthièvre pour la paroisse d'Erquy.

la Goublaye (1) qui apparaît comme écuyer, en 1371, sous les ordres de Du Guesclin.

Quelques années plus tard, avant la fin du même siècle, le grand nombre des membres que nous connaissons, établis dans plusieurs paroisses voisines de Saint-Alban, avantageusement alliés et formant des branches distinctes, atteste l'ancienneté de la résidence des La Goublaye dans ce pays où ils étaient tenus, sans conteste, pour nobles et remplissaient des charges de noblesse (2).

A partir de ce moment, on peut distinguer quatre branches principales entre lesquelles on ne trouve point l'attache : celles de la Goublaye et de la Ville-ès-Cotards en Saint-Alban, de la Ville-Blot en Plurien et de Beaumont en Erquy.

Seule, entre toutes, la branche habitant la terre de la Goublaye pendant tout le cours du xvᵉ siècle porte le nom patronymique de *La Motte* (3) et l'explication

---

(1) Un mémoire généalogique, fait à la fin du siècle dernier et conservé aux archives du château de Nantois, mentionne un Perrot de La Goublaye qui aurait comparu comme Ecuyer, sous Robert de Guitté et Jehan de Beaumanoir, au siège devant Brest, le 1ᵉʳ Juin 1368. Ce renseignement est, dit-on, tiré d'une histoire de Du Guesclin, page 325. Nous n'avons pu vérifier.

Ce Perrot de la Goublaye se trouve immédiatement après Guillaume dans une montre de Du Guesclin du 1ᵉʳ Novembre 1371 (Bibl., Nat. Coll. Clairambault, vol. 56, pièce anc. cotée 4257, nouvelle 4254). Il y aurait un curieux travail de comparaison à faire entre les reproductions anciennes et récentes de cette montre, dont plusieurs ne contiennent pas mention de Perrot.

(2) Geffroy de La Goublaye, Sgʳ de la Ville-Blot, de la paroisse de Plurien, est priseur noble en 1387 (Arch. des Côtes-du-Nord, E 79. — *Comptes de Colin de Lescoet, receveur de la seigneurie de Lamballe, du 7 avril 1387 au 6 avril 1388*, fᵒ 22 rᵒ).

(3) Olivier de La Motte, seigneur de la Goublaye, mourut le 24 octobre 1419, laissant pour veuve Jeanne de Rochefort et un fils : Jehan de La Motte, Sgʳ de la Goublaye, lors âgé de quatorze ans, qui lui succéda sous la curatelle de son oncle, Guillaume de La Motte.

Ledit Jehan de La Motte, Sgʳ de la Goublaye, comparut ensuite aux réformations de 1426-27-30-84 en la paroisse de Saint-Alban ; il vivait encore en 1487 et était mort avant 1496.

de ce fait singulier a donné lieu aux trois hypothèses suivantes que nous allons discuter successivement :

I° M. le Mis de l'Estourbeillon, dans son *Nobiliaire de Bretagne* (t. I, p. 204), pense que : « Quelques-uns des aînés de la famille n'auraient pris le nom d La Motte que pour bien marquer leur qualité d'aîné ou le fait de la possession du manoir (la motte) patrimonial. »

Il nous semble que cette hypothèse, qui fait, en quelque sorte, du nom de *La Motte* un nom générique, applicable à toutes les familles, ne résiste pas quand on considère qu'aucun seigneur de la Goublaye ne s'est appelé : « seigneur de La Motte de La Goublaye », mais bien : « de La Motte, seigneur de La Goublaye » et que Guillaume, oncle paternel et curateur de Jean de La Motte, seigneur de La Goublaye, est appelé seulement : « Guillaume de La Motte », quoique n'étant pas aîné et n'ayant jamais possédé la terre de la Goublaye.

II° La seconde hypothèse peut se formuler ainsi : La famille de La Goublaye, *tout entière,* ne serait qu'une branche d'une famille de La Motte ; les cadets auraient peu à peu perdu leur nom patronymique pour ne conserver que celui de la terre de leur aîné d'où ils étaient sortis (1).

Gilles de la Motte, S^gr de La Goublaye, son fils, fit aveu en 1496 à la seigneurie de Lamballe. Ce fut lui (ou peut-être un fils de même prénom) qui vendit la terre de la Goublaye. Il se retira ensuite en la paroisse de Plurien où sa branche ne tarda pas à s'éteindre.

(1) On pourrait objecter ici que, dans un aveu de 1479, Rolland de La Goublaye, S^gr de Beaumont, dit : « Lesquelles choses sont tenues en ramage de Jehan de La Motte, S^gr de La Goublaye, comme Juveigneur d'aîné. »

A prendre ce texte au sens le plus strict, on pourrait croire que Rolland de La Goublaye était frère cadet de Jehan de La Motte, S^gr de la Goublaye ; or nous connaissons les père et mère de Rolland : Jean de La Goublaye et Olive Collet ; et les père et mère de Jehan de La Motte, S^gr de La Goublaye : Olivier de La Motte, S^gr de La Goublaye et Jeanne de Rochefort ; par conséquent

Il faudrait, dans ce cas, qu'en dehors de l'unique branche possédant la terre de la Goublaye, on trouvât quelque membre des autres branches portant le nom de *La Motte ;* or précisément *aucun* ne porte.ce nom.

III° Une branche aînée seule de la famille de la Goublaye se serait, avant le XV° siècle, fondue, (par mariage sans doute), dans une famille de la Motte (1) à

---

l'expression de Juveigneur d'aîné pourrait ici, tout au plus, indiquer la relation de membre d'une branche cadette vis-à-vis du représentant de la branche aînée.

Nous tenons de M. de l'Estourbeillon un exemple qui fait bien voir comment souvent ces expressions : « *Parage et ramage* » et « *Juveigneur d'aîné* » sont prises dans un sens étendu et plus ou moins vague : « Charles Estourbeillon, marié en 1471 à Françoise de la Beschère, rend, comme son beau-père en 1455, aveu aux d'Espinay en 1476, comme juveigneur d'aîné de cette maison, tout simplement parce que sa belle-mère, mère de Françoise de la Beschère, était sœur juveigneresse d'un d'Espinay. »

Il est facile de remarquer que ces expressions sont attachées à la terre et non à la personne, et suivent la terre en quelques mains qu'elle passe. L'héritier par les femmes ou même l'acquéreur d'une terre, continue à rendre le même aveu, comme parage et ramage et juveigneur d'aîné, qui était rendu par ses prédécesseurs. L'inverse est également vrai et le seigneur de la terre d'aîné, quel qu'il soit et de quelque façon qu'il en soit devenu possesseur, reçoit l'hommage des cadets de ses prédécesseurs ou des représentants de ces cadets.

Dans le cas présent, Rolland de La Goublaye rend le même aveu, que le possesseur de la terre de la Goublaye soit un La Goublaye ou un La Motte, héritier ou acquéreur de cette terre.

(1) Quelle serait cette famille de La Motte ?

Avant le XV° siècle il n'y avait dans le pays de Saint-Alban et environs immédiats qu'une seule famille de La Motte, portant pour armes : « De sable fretté d'or », qui paraît avoir possédé, dès 1223, l'importante seigneurie de Bienassis, en la paroisse d'Erquy, et que nous trouvons, en 1400, établie dans la terre de la Motte-Rouge, en la paroisse d'Hénansal, qu'elle détient encore.

Or, le manoir de la Goublaye est exactement situé entre Bienassis et La Motte-Rouge, à moins de trois kilomètres du premier château et à quinze cents mètres du second ; les terres se touchent même.

D'un autre côté, Jehan de La Motte, Sr de la Goublaye, était possesseur, en la paroisse de Sévignac, (assez éloignée de Saint-Alban), de la terre de Saint-André qui, peut-être, lui provenait de ses ancêtres de La Motte.

qui elle aurait porté la terre de La Goublaye, tandis que des cadets de l'ancienne famille auraient continué le nom et donné naissance aux autres branches.

Ce cas, qui s'est fréquemment présenté dans l'histoire des familles, paraît avoir été le nôtre et, à notre avis, cette hypothèse apporte une solution à toutes les difficultés ; c'est celle que nous adoptons (1).

Quoi qu'il en soit, la branche ayant possédé la terre de La Goublaye s'étant éteinte en la paroisse de Plurien vers le milieu du XVIe siècle, celle de la Ville-Blot ayant de même disparu un siècle plus tôt et celle de Beaumont en 1498, il ne resta plus à continuer la filiation que la branche de la Ville-ès-Cotards.

Celle-ci, après avoir pris part aux réformations et montres de noblesse du

---

Sévignac et alentours étaient les lieux de résidence d'une autre famille de La Motte portant également pour armes un fretté : (d'azur fretté d'argent et l'inverse), et qui subsiste encore dans les La Motte-Vauvert et les La Motte de la Guyomarais.

On peut donc hésiter entre ces deux familles de La Motte.

(1) Un exemple emprunté à l'histoire d'une famille du même pays fera bien comprendre notre pensée :

En 1386, Olivier du Vauclerc, seigneur dudit lieu, en la paroisse d'Erquy, époux de Jehanne de la Moussaye, mourait et, par héritage, sa terre passait à Guy Bouetel chevalier, qui, à son décès, vers 1427, la laissa à la famille de sa femme, Margot de la Motte. C'est ainsi que Guyon de la Motte, déjà seigneur d'un autre Vauclair, près Moncontour, et alors placé sous la tutelle de sa mère, Aliette de Basoges, devint seigneur du Vauclerc d'Erquy ; après lui sa lignée masculine le conserva pendant les XVe et XVIe siècles.

Cependant la petite seigneurie de l'Islet, en la même paroisse d'Erquy, n'avait cessé d'être occupée par une branche cadette de l'ancienne famille du Vauclerc. Jehan du Vauclerc, qui était seigneur de l'Islet en 1440, mourut en 1456, et son fils, Robert, lui succéda ; après Robert vint Christophe, son fils, qui mourut vers 1477, puis le fils de ce dernier, Guillaume du Vauclerc. Enfin entre 1478 et 1535, cette terre tomba également entre les mains des de La Motte, Sgrs du Vauclerc.

Si nos documents ne remontaient pas plus haut que 1427, nous serions réduits à faire absolument les mêmes hypothèses pour les du Vauclerc que pour les de La Goublaye.

xvᵉ siècle à Saint-Alban et paroisses environnantes, semble, par suite de mariage, s'être fixée aux environs de Corseul et ne revint dans son pays d'origine qu'au xvıᵉ siècle, elle se divisa alors en plusieurs branches qui rayonnèrent dans tout le pays au nord de Lamballe.

Peu fortunées lors de la réformation de 1668, elles reculèrent devant les frais qu'entraînait la recherche des pièces destinées à prouver leur noblesse et se laissèrent débouter faute de produire ; mais alors, autant pour éviter l'amende que pour se réhabiliter en quelque sorte, elles sortirent de leur torpeur et, sur leurs pièces recouvrées, obtinrent plusieurs arrêts du Conseil et de l'Intendance les rétablissant dans leur noblesse (16 mai 1710 (1), 11 septembre 1723, 21 février 1726).

Les Etats de Bretagne ayant décidé, en 1779, que les familles déboutées en 1668 et maintenues depuis devraient obtenir, pour conserver le droit de siéger dans l'Ordre de la Noblesse, des arrêts solennels du Parlement, contradictoirement avec le Procureur-Syndic des Etats, les nombreuses branches de l'antique Maison se réunirent, prouvèrent leur noblesse et y furent confirmées par arrêt du 13 juillet 1770. C'est cet arrêt dont nous donnons plus loin la copie, prise sur la grosse originale conservée aux archives du château de Nantois.

Trois branches seulement survivent aujourd'hui : l'aînée, celle de Nantois, possède toujours le château de ce nom (2) et la terre du Tertre-Pépin (3), qui

---

(1) Cet arrêt concerne une branche que nous n'avons pu encore rattacher et qui ne comparut pas devant le Parlement en 1770 ; peut-être était-elle éteinte alors.

En 1710, cette branche était représentée par Claude-Alexandre de La Goublaye, Sᵍʳ de Gueury et ses frères : Guillaume-Célestin, Pierre-Luc et Claude-François, enfants de Claude de La Goublaye de Gueury, Sᵍʳ du Tremblay, et de Geneviève Beschart.

Ogée attribue à cette branche les terres de Pannecé, Mézanger, etc. (voir note 2, page 3).

(2) En la commune de Pléneuf.

(3) En la commune de Saint-Alban.

lui appartenaient déjà aux XVIᵉ et XVIIᵉ siècles ; la cadette, celle de Ménorval, issue des seigneurs de Bellenoë, a pris son nom d'une terre, située en la paroisse de Guern, évêché de Vannes, qui lui advint à la fin du siècle dernier, par suite d'une alliance avec la famille de Quérangal et qui est aujourd'hui sortie de ses mains ; enfin la branche de la Villetual est encore représentée dans le pays de Guingamp.

Au moment de la Révolution, des La Goublaye émigrèrent à Jersey, où on trouve des actes de l'état-civil les concernant (1) ; d'autres combattirent parmi les Chouans (2) ; d'autres furent jetés en prison. Leurs biens furent mis sous séquestre, quelques terres vendues et, de fortunes qui avaient été considérables, il ne resta que des débris.

A peine les émigrés étaient-ils rentrés, qu'ils furent en butte à de nouveaux ennuis. Des parents républicoles (*sic*), issus des La Goublaye par les femmes, pour augmenter leurs parts dans des successions ouvertes mais non liquidées au moment de la Révolution, vinrent contester la noblesse de cette Maison (3). Un arrêt mit à néant leurs prétentions et déclara que l'arrêt du Parlement de 1770 faisait preuve complète et sans appel.

---

(1) Voir De l'Estourbeillon, *Les Familles françaises à Jersey.*

(2) François-Victor de la Goublaye du Gage chouanna sous les ordres de Boishardy dans les environs de Moncontour. — Joseph-Marie-Jean-Baptiste de la Goublaye de Ménorval passa onze mois parmi les insurgés du midi (*sic*). — François-Louis-Marie de La Goublaye (branche des Aulnais) combattit pendant toute la chouannerie comme chef de division de l'armée de Cadoudal. Il fut incarcéré par les ordres de Bonaparte et reprit les armes pendant les Cent-Jours. La Restauration lui donna rang de lieutenant-colonel. (Voir à son sujet les histoires de la Vendée et de la Chouannerie, entre autres : Guillemot, *Lettres à mes neveux sur la Chouannerie* ; Crétineau-Joly, *Histoire de la Vendée militaire.* L'édition illustrée de cet ouvrage, (1896), contient, t. V, page 178, ses états de services).

(3) En vertu du principe de non rétroactivité des lois et la famille étant noble, ces successions devaient se partager inégalement, au profit de l'aîné.

2

PRINCIPALES ALLIANCES (1)

1º PAR LES HOMMES. — De la Chapelle, de Boisbilly (xive siècle), de Rochefort (vers 1400), Collet, du Feu, Le Noir, Abraham (?), de Québriac, de Goyne, de la Bouëxière (xve siècle), de Bréhand (avant 1516), de La Houssaye, Jocet de la Cherquetière, Grimaud du Glosel (xvie siècle), de La Hunaudaye (juillet 1608), Le Page (août 1636), Bouan de Châteaubourg (6 mai 1641), de la Bouëxière (9 février 1649), de la Motte de La Motte-Rouge (17 septembre 1652), Delpeuch de Mesguen (1662), Beaudré de la Vigne (3 juin 1667), Bertho de la Cornillère (21 novembre 1673), de Trémerreuc (1684), Halna du Perray (5 février 1687), Bouessel (février 1697), Hersart de la Villemarqué (1697), Bosquen des Salles (11 février 1699), Riou de Brambuan, Beschard (xviiie siecle), Profit (18 octobre 1702), Guespin de la Hammonays (21 octobre 1709), Le Metaer de Lourmel (24 août 1711), Pinel du Domaine (24 juin 1714), Gaudin de Rochaudière (1724), Rolland de Saint-Pezran (26 mai 1727), Oren de la Villemartin (18 février 1735), de Gouyon de Touraude (xviiie siècle), Mouesson des Noyers (13 février 1740), Le Noir de Keraglas (25 juin 1742), de Quérangal de la Ville Héry (16 janvier 1752), de Gouyon des Briands (25 juin 1754), de Toulbodou (12 juin 1757), de Visdelou du Prédéro (16 aout 1763), de Trémaudan (xviiie siècle), de Quérangal (1769), Le Berruyer (1771), Conen du Guénôme (7 février 1773), Le Pennec de La Haye (xviiie siècle) Hérisson de Beauvoir (juillet 1776), de Forsanz (vers 1798), Boschier de Kerjonc (22 novembre 1802), Sarrazin (xixe siècle), Carré-Kerisouet (20 février 1813), Huchet de Cintré (23 septembre

(1) Y compris les quelques alliances des La Motte de la Goublaye.

1825), de La Motte de la Motte-Rouge (22 novembre 1825, 29 novembre 1866), Corneille de Saint Marc (1826, 1859), Nompère de Champagny (28 octobre 1856), de Sceaux (2 juillet 1861), de Girardin (9 octobre 1861), de Lavenay (29 août 1889), Mircher (26 avril 1892), Potier (8 juillet 1897).

2º Par les femmes. — De Lescoet (vers 1400), de Garrouet, Rogon, de la Vigne, Auffray (xve siècle), Thomas de la Caulnelaye (avant 1427), Rabel du Plessis, de La Fruglaye, de Boisbily (xvie siècle), de la Marre (28 Janvier 1676), de la Villéon de la Villepierre (29 novembre 1678), Chatton de Lorme, Denis du Clos (xviie siècle), de Mailly (18 août 1712), de Sirty (3 septembre 1736), de Boisbily (1740), Poulain de la Fosse-Davy (27 mars 1748), de Châteaubriand de la Guerrande (16 août 1763, Péan de Pomphily (17 janvier 1770), de Pouénces (1er février 1773), de Forsanz (16 juillet 1773), Le Coniac de la Pommerais, Chrestien de Kerannot (xviiie siècle), de Quelen de Kerohant (1793), de la Motte de la Guyomarais (15 juillet 1806), Gardin de la Bourdonnaye (1819), Roussel de Courcy (septembre 1884), Audren de Kerdrel (8 mai 1889), Hay de Slade (11 juin 1889).

SCEAU DE GUILLAUME DE LA GOUBLAYE (1371)
(double grandeur)

ARRÊT

DE MAINTENUE DE NOBLESSE

———

BUREAU : Monsieur DE LABRIFFE, *premier président.*
Monsieur DE LA NOUE, *rapporteur.*

EXTRAIT DES REGISTRES DU PARLEMENT

Entre Messire Félix-Bonaventure de La Goublaye, chevalier, sieur des Salles ; chef de nom et d'armes de La Goublaye, fils de Messire Jan de La Goublaye, sieur de Pontrouault, faisant tant pour lui, en privé nom, que pour noble et discret Messire Charles-Anne-Félix de La Goublaye, prestre, et pour Messire Félix-Jan-Joseph de La Goublaye, lieutenant au régiment de forest, ses fils.

Messire Rodolphe-Emanuel de La Goublaye, sieur de Nantois, fils aisné, héritier principal et noble de Messire Toussaint-René de La Goublaye, sieur de Nantois, son père, lequel fut fils aisné et héritier principal et noble de Messire Jan-Baptiste-Gilles de La Goublaye, sieur de Créhen.

Messire Thomas-Marie-Bernard de La Goublaye, fils puisné dudit Toussaint-René de La Goublaye de Nantois, lesdits Rodolphe-Emanuel et Thomas-Marie-Bernard de La Goublaye, mineurs émancipés de justice et autorisés dudit sieur de La Goublaye des Salles, leur curateur ; Dame Janne-Jacquette Oren, veuve dudit Toussaint-René de La Goublaye de Nantois, mère et tutrice de Messire Emanuel-Toussaint-Joseph de La Goublaye et de Jan-Baptiste-Toussaint de La Goublaye, ses fils.

Messire Louis-Bernard de La Goublaye, sieur de La Ville-Tual, fils puisné dudit sieur de Créhen, faisant tant pour lui que pour Messire Victor de La Goublaye, son fils.

Dame Françoise-Magdelaine Boullé, veuve de Messire Yves-Jan-Baptiste de La Goublaye, sieur du Gage, mère et tutrice de Messire François-Victor de La Goublaye, sieur du Gage, son fils, héritier principal et noble dudit Yves-Jan-Baptiste de La Goublaye du Gage, lequel fut fils aisné, héritier principal et noble de Messire Pierre-Charles de La Goublaye, sieur du Gage.

Messire Louis-Bonnaventure de La Goublaye, sieur des Aulnais, fils et unique héritier de Messire Hillaire-Louis de La Goublaye, sieur des Aulnais, son père, fils puisné dudit Pierre-Charles de La Goublaye du Gage.

Messire François-Jan-Baptiste de La Goublaye, sieur de Bellenoë, lieutenant-colonel de cavalerie, chevalier de l'ordre royal et militaire de Saint-Louis, faisant tant pour lui que pour Messire Joseph-Marie-Jan-Baptiste de La Goublaye, son fils.

Messire Joseph-Emanuel de La Goublaye, sieur de la Ville-Bellanger, capitaine de cavalerie et aussi chevalier de l'ordre royal et militaire de Saint-Louis ; Messire Thomas-Louis de La Goublaye, sieur du Perray, fils aisné et heritier principal et noble de Messire François de La Goublaye, sieur du Perray, son père, qui fut fils aisné et heritier principal et noble de Messire François-Charles de La Goublaye, sieur de Clos-Neuf, son père, faisant tant pour lui que pour Messire François-Louis de La Goublaye, son fils — les tous demandeurs en requête du sept aoust mil sept cens soixante-neuf, d'une part ;

Et Monsieur le Procureur général du Roi défendeur,

Et Messire Louis-Yves de La Goublaye, sieur des Vaux, et Messire Marc-Jan de La Goublaye, son frère puisné, intervenants et demandeurs en requête du sept avril mil sept cents soixante-dix.

Et mondit sieur le Procureur général du Roi et Monsieur le Procureur Sindic des Etats de cette province défendeurs ;

Et ledit Messire Félix-Bonnaventure de La Goublaye, chevalier, sieur des Salles, demandeur en requête du vingt-huit avril mil sept cent soixante-dix ;

Et mesdits sieur Procureur général du Roi et Procureur sindic des Etats, défendeurs d'autre part.

Vu par la Cour la Requete dudit jour sept aoust mil sept cents soixante-neuf, L'arrest intervenu sur icelle le huit desdits mois et an, par lequel la Cour ordonnoit que les suppliants mettroient leurs actes, titres et pièces par devers elle pour leur être contradictoirement avec le Procureur général du Roi, fait droit ainsi que de raison ; Induction dudit Félix-Bonnaventure de La Goublaye et de tous ceux dénommés en laditte requête du sept aoust mil sept cens soixante-neuf, ladicte induction mise au greffe le onze desdits mois et an, par laquelle ils concluoient à ce qu'il plût à la Cour, en conséquence des arrêts rendus les onze septembre mil sept cents vingt-trois et vingt un février mil sept cent vingt-six par les Commissaires généraux députés par le Roi par arrêt de son Conseil et des titres y référés, lesdits Félix de La Goublaye des Salles, Charles-Anne-Félix de La Goublaye et Félix-Jan-Joseph de La Goublaye, ses fils, Rodolphe-Emmanuel de La Goublaye de Nantois, Thomas-Marie-Bernard de La Goublaye, Emmanuel-Toussaint-Joseph de La Goublaye et Jan-Baptiste-Toussaint de La Goublaye, ses frères, Louis-Bernard de La Goublaye de la Ville-Tual et Victor de La Goublaye, son fils, François-Victor de La Goublaye du Gage, Louis-Bonnaventure de La Goublaye des Aulnais, François-Jean-Baptiste de La Goublaye, sieur de Bellenoë, faisant tant pour lui que pour Messire Joseph-Marie-Jan-Baptiste de La Goublaye son fils, Messire Joseph-Emmanuel de La Goublaye de la Ville-Bellanger, Thomas-Louis de La Goublaye du Perray, François-Louis de La Goublaye, son fils, eux et leurs descendants et postérités nés et à naître en légitime mariage, seroient contradictoirement avec Monsieur le Procureur général du Roi et le Procureur sindic des Etats dont ils requeroient l'adhésion, maintenus dans leur qualité de nobles et d'escuyers d'ancienne extraction noble et aux droits d'entrée séance et voix délibérative aux Etats, il seroit ordonné qu'ils jouiroient des autres honneurs, privileges, exemptions et prérogatives dont jouissent les autres nobles et gentils hommes de la province, tant qu'ils vivroient noblement et ne feroient acte de dérogeance à noblesse, et défenses seroient faites à qui que ce fut de les y troubler et à cet effet il seroit ordonné que leurs noms seroient inscrits dans le catalogue des nobles de cette province. — La requête desdits Louis-Yves de La Goublaye, sieur des Vaux et Marc-Jan de La Goublaye, son frère puisné dudit jour sept avril mil sept cent soixante-dix, tendante à ce qu'il plût à la Cour, mander en icelle les procureurs des parties avec Monsieur le Procureur général du Roi pour eux ouis être décerné acte aux dits Louis-Yves et Marc-Jan de La Goublaye de leur intervention dans l'instance de noblesse pendante et indécise entre Monsieur le Procureur général du Roi et les sieurs des Salles, de Nantois, de la Ville-Tual, du Gage, de Bellenoë et du Perray.

Appointés au rapport de Monsieur de Menoray et de leur déclaration d'employer pour preuve de leur filiation dans les trois premiers degrés les arrêts rendus par les Commissaires généraux du Conseil les onze septembre mil sept cent vingt-trois et trois février mil sept cent vingt-six et autres pièces par eux produites (1), et dans les autres degrés les pièces ci-dessous referées et faisant droit dans la présente intervention lesdits des Vaux et Marc-Jan de La Goublaye seroient

(1) Inutile de reproduire le texte de ces arrêts qui sont entre nos mains.
Voir pour ces degrés les pièces justificatives que nous donnons plus loin.

jointement avec les sieurs des Salles, de Nantois, de la Ville-Tual, du Gage, de Bellenoë et du Perray et leurs descendants et postérités nés et à naître en légitime mariage, par le même arrest contradictoirement avec Monsieur le Procureur général du Roi et le Procureur sindic des Etats maintenus dans leur qualité de noble et d'écuyer d'ancienne extraction noble et aux droits d'avoir armes et écussons timbrés appartenant à leur famille qui sont de gueule au freté d'argent avec une bande d'azur sur le tout et pour support deux léopards (1) et aux droits d'entrée, séance, et voix délibérative aux Etats, il seroit ordonné qu'ils jouiroient des autres honneurs, privilèges, exemptions et prérogatives dont jouissent les autres nobles et gentils hommes de la province tant qu'ils vivroient noblement et ne feroient acte de derogeance à noblesse et seroit ordonné que leurs noms seroient inscrits dans le catalogue des nobles de cette province; arrest intervenu entre parties le neuf may mil sept cens soixante-dix, par lequel la Cour, après avoir oui Bureau procureur et Potier substitut du Procureur général du Roi, auroit décerné acte de l'intervention des parties de Bureau dans l'instance dont est question, en conséquence a déclaré commun avec elles l'arrest d'appointé du huit août mil sept cents soixante-neuf, ordonnoit que les parties mettroient leurs actes, titres et pièces par devers la Cour, pour icelles communiquées au Procureur

---

(1) Il existe un sceau de Guillaume de La Goublaye, écuyer du 26 Juin 1371, conservé à la Bibliothèque nationale (coll. Clairambault, r. 55, p. 4197) ce sceau porte : un fretté de six pièces avec une coquille en chef (et non une fleur de lys au canton dextre, comme on l'a écrit jusqu'à ce jour).

Un second sceau d'un autre Guillaume de la Goublaye, du 20 novembre 1415, n'existe plus aujourd'hui, mais il a été vu au siècle dernier par dom Morice et dom Lobineau. D'après ces auteurs et une copie du xviie siècle (Bibliothèque Nationale, cabinet des titres, *Pièces originales*, vol. 1364, Goublaye) on peut le décrire ainsi : fretté à une bande, accolé de deux léopards pour supports avec une tête et col de chèvre pour cimier.

Quelques branches ont, semble-t-il, remplacé la bande d'azur par une bande de sinople.

3

sindic des Etats et au Procureur général du Roi, être au Conseil fait droit par un seul et même arrest; la requête dudit sieur des Salles dudit jour vingt-huitième avril mil sept cents soixante-dix, tendante à ce qu'il plût à la Cour, passant outre au jugement du procès, ajuger audit sieur des Salles et aux autres parties les fins et conclusions par eux prises et faisant droit dans ladite requête, ledit sieur des Salles seroit maintenu dans la qualité de chevalier et chef des noms et armes de sa famille à l'effet de tout quoi il seroit ordonné que laditte requête seroit jointe et mise au sac, sur laquelle requête auroit été dit soit signiffiée et mise au sac par ordonnance de la Cour dudit jour vingt-huit avril mil sept cents soixante-dix ; arrêts rendus les onze septembre mil sept cents vingt-trois et vingt-un fevrier mil sept cents vingt-six par les Commissaires généraux du conseil, par lesquels Bernard de La Goublaye de Nantois, Jan de La Goublaye du Pontrouault, Pierre-Charles de La Goublaye du Gage, Jan-Baptiste-Gilles de La Goublaye de Créhen et François-Charles de La Goublaye de Closneuf sont maintenus dans la qualité de noble et d'écuyer d'ancienne extraction ; délibération des Etats de Bretagne du treize février mil sept cent soixante-neuf, par laquelle il est ordonné auxdits Thomas-Louis de La Goublaye du Perray, Félix-Bonnaventure de La Goublaye des Salles, François-Jan-Baptiste de La Goublaye et Joseph-Emmanuel de La Goublaye de se pourvoir au Parlement pour y obtenir un arrest contradictoire avec le Procureur général du Roi et le Procureur général sindic des Etats, qu'ils seroient tenus de présenter à la prochaine tenue.

ARBRE GÉNÉALOGIQUE de la famille desdits sieurs de La Goublaye en tête duquel est l'écusson de leurs armes par lequel ledit de La Goublaye des Salles, chef de la branche aisnée, pour établir sa filiation articule pour premier degré (1)

---

(1) Nous sommes parvenus à établir, de la façon suivante, un degré antérieur à Gilles de la Goublaye : Thébaut de la Goublaye paraît comme écuyer sous les ordres de Messire Jean, seigneur

Gilles de La Goublaye (1), mentionné aux refformation de cette province pour la paroisse de Saint-Alban, évêché de Saint-Brieuc, dans les années mil quatre cents vingt-six et mil quatre cents vingt-sept ; pour second degré Ollivier de La Goublaye, fils dudit Gilles de La Goublaye ; pour troisième degré (2)

---

de Tournemine, dans une montre à Therouanne le 28 septembre 1383. Il est cité dans les comptes des receveurs de Lamballe en 1403, avec sa femme qui paraît appartenir à la maison Ferron et avait des intérêts en la paroisse de Meslin. Il mourut en novembre 1411 et son rachat fut présenté par Gilles de La Goublaye, son fils aîné et héritier principal et noble (voir les pièces justificatives).

(1) Gilles de la Goublaye probablement, Sgr de la Ville-ès-Cotards, en la paroisse de Saint-Alban, comparut aux réformations des nobles de cette paroisse en 1427 et 1430. Il est souvent signalé dans les registres des receveurs de Lamballe ; on l'y voit notamment affermer plusieurs fois la coutume du port de Dahouet que Thébaut de la Goublaye, son père, avait déjà affermée. Il mourut en mai 1440 et son rachat fut présenté par Ollivier de la Goublaye, son fils aîné et héritier principal et noble.

Il avait épousé Ysabeau du Feu, qui lui survécut et mourut vers 1476. Dans un des comptes de Lamballe, vers 1475, nous lisons au chapitre des douairières : « Ysabeau du Feu, femme feu Gilles de la Goublaye..... elle vit et est mère Olivier de la Goublaye Ville-ès-Cotards.... »

(2) Il y a ici omission d'une génération. Il est en effet de toute impossibilité qu'Olivier de la Goublaye, fils de Gilles, déjà marié en 1427, fut père de Amaury de la Goublaye, mentionné pour la première fois en 1493, mort entre 1577 et 1581, à un âge fort avancé, il est vrai.

Cette omission se trouve réparée dans un mémoire généalogique fait dix ans plus tard environ et conservé aux archives du château de Nantois. Voici comment s'établit la filiation : Olivier de la Goublaye, Sgr de la Ville-ès-Cotards, fils de Gilles, parut à la réformation des nobles de Plestan, en 1427, étant déjà marié à Colline (alias Olive) Le Noir et habitant sur les biens de sa femme. En 1437, il prêta serment au Duc entre les nobles de Lamballe et est appelé : Olivier de la Goublaye, fils Gillet. Après la mort de son père, il revint dans son pays, comparut à la reformation de 1444 à Pléneuf, puis à la montre tenue à Moncontour en 1469. Il mourut entre 1475 et 1484.

Il laissait au moins deux fils : Guillaume, l'aîné, qui avait paru plusieurs fois comme homme d'armes en 1465, lui succéda comme Sgr de la Ville-ès-Cotards, qu'il possédait lors de la reformation de 1484. Il vivait encore en 1501.

Le second Olivier qui est cité comme hommes d'armes en 1465, à côté de son frère, épousa

Amaury (1) de La Goublaye de la Touche, fils dudit Ollivier de La Goublaye et d'Isabelle du Feu (2) son épouze ; pour quatrième degré Eustache (3) de La Goublaye de Bellenoë, fils aisné dudit Amaury de La Goublaye et de Coline de la Houssaye (4) ; pour cinquième degré Jan de La Goublaye du Cabot, fils aisné dudit Eustache de La Goublaye et d'Etiennette Jocet ; pour sixième degré Ollivier de La Goublaye du Tertre-Pépin, fils aisné dudit Jan de La Goublaye et de Jeanne Grimault ; pour septième degré Charles de La Goublaye du Tertre-Pépin, fils aisné dudit Ollivier de La Goublaye et de Marie Le Paige ; pour huitième degré Jan de La Goublaye du Pontrouault, fils dudit Charles de La Goublaye et de Marie Delpeuch ; pour neufvieme degré, Félix-Bonnaventure de La Goublaye des Salles (5), fils dudit

---

Jeanne de la Bouexière. Celle-ci possédait des terres en la paroisse de Créhen, aux environs de Corseul. Nous avons un acte d'eux de l'année 1481.

(1) Ce prénom d'Amaury est assez caractéristique. Presque inconnu dans le pays de Saint-Alban, au xve siècle, il était au contraire fort répandu autour de Corseul où il était porté par les la Moussaye et leurs alliés. Dans le cas actuel il concorde bien avec l'acte de 1481 cité ci-dessus et constituerait à lui seul un indice assez sérieux de filiation.

(2) Nouvelle erreur ; comme on l'a vu plus haut Isabelle du Feu est l'épouse de Gilles et non d'Olivier.

(3) Encore un prénom caractéristique.

(4) Nous avions cru quelque temps que Coline de la Houssaye appartenait à cette famille de la Houssaye (omise dans le Nobiliaire de M. Potier de Courcy), déjà connue en 1253, très nombreuse au xve siècle, à Pléneuf et Saint-Alban, éteinte seulement au xviiie siècle et portant pour armes : D'argent au houx arraché de sinople.

Mais nos nouvelles recherches nous ont démontré que plus probablement Colline de la Houssaye doit faire partie de la maison de la Houssaye portant pour armes : Échiqueté d'argent et d'azur de six tires, qui a produit Eustache, maréchal de Bretagne en 1400, et où le prénom d'Eustache se transmettait avec sa mémoire de génération en génération. Les membres de cette maison habitaient d'ailleurs souvent les mêmes paroisses que les la Bouexière et les la Moussaye.

(5) Il fut nommé, en 1772, conseiller au Parlement de Bretagne.

Jan de La Goublaye et de Janne Bosquen ; pour dixième degré Charles-Anne-Félix (1) et Félix-Jan-Joseph de La Goublaye (2), fils dudit Félix-Bonnaventure de La Goublaye et de Catherine Ripénel.

Lesdits de La Goublaye de Nantois et de la Ville-Tual, premiers cadets de la branche aisnée, articulent dans leur filiation pour le huitième degré Jan-Baptiste-Gilles de La Goublaye de Créhen, fils puisné desdits Charles de la Goublaye et de Marie Delpeuch, sieur et dame du Tertre-Pépin ; pour neuvieme degré Toussaint-René de La Goublaye de Nantois, fils aisné dudit Jan-Baptiste-Gilles de La Goublaye et de Janne Hersart, et Louis-Bernard de La Goublaye de la Ville-Tual, leur fils puisné. Pour dixième degré, Rodolphe-Emanuel de La Goublaye de Nantois (3), fils aisné dudit Toussaint-René de La Goublaye et de

---

(1) Charles-Anne-Félix de la Goublaye embrassa l'état ecclésiastique. Il fut vicaire général de Mgr des Laurent, évêque de Saint-Malo, recteur de Saint-Jean de Monfort, puis de Montauban, et mourut en décembre 1782.

(2) Félix-Jan-Joseph de la Goublaye fut lieutenant aide-major au régiment de Forez, puis commandant des troupes de Léogane à Saint-Domingue. Rentré en France, il épousa Marie-Thérèse Sarazin, dont le père était échevin du Roi (de la famille du poète du même nom) et mourut sans enfant.

Son portrait, en uniforme, est conservé à Nonant-sur-Seulles (Calvados), dans la famille Goujon de Saint-Thomas.

(3) RODOLPHE-EMMANUEL DE LA GOUBLAYE, SEIGNEUR COMTE DE NANTOIS, épousa, à Pontivy, en 1769, Marie-Magdeleine de Querangal, fille de Jacques-Paul, Sgr du Quinquis et de Moustoirlan, avocat au Parlement, etc., et de Françoise Vallaye de Villeneuve. Elle mourut en 1793 (voir à son sujet *Une Femme poète Bretonne — La comtesse de Nantois*, par J. Trévédy, St-Brieuc, Prud'homme, 1895). Rodolphe-Emmanuel mourut vers 1809, laissant deux enfants :

1° François-Emmanuel, qui suit ;

2° Anne-Joséphine-Jeanne, née le 4 juillet 1781, à Pontivy, morte le 19 avril 1870 au château de la Guyomarais, en Saint-Denoual (Côtes-du-Nord), avait épousé le 15 juillet 1806, au château de Nantois, Casimir-François de la Motte de la Guyomarais, fils de Joseph-Gabriel-François et de Marie-Jeanne Micault de Mainville (décapités en 1793, affaire de la Rouërie), né en 1776, mort en 1843.

Janne-Jacquette Oren, Thomas-Marie-Bernard de La Goublaye, Emanuel-Toussaint-

---

FRANÇOIS-EMMANUEL DE LA GOUBLAYE, COMTE DE NANTOIS, né à Pléneuf le 12 juin 1774, y mourut le 23 décembre 1827. Il avait épousé, en 1798 (à la maison d'arrêt de Lamballe), Marie-Anne-Angélique de Forsanz, fille de Jean-Baptiste-Ange, chevalier, Sgr de Forsanz, et de Hélène-Marie-Mauricette de la Goublaye de Bellenoë, demoiselle de la Ville-Bellanger.

De ce mariage issu un seul fils qui suit :

FRANÇOIS (dit FRANCISQUE) DE LA GOUBLAYE, COMTE DE NANTOIS, naquit le 17 juin 1799, au château de Moustoirlan, et mourut le 31 décembre 1879, au château de Nantois. Il avait épousé, à Dinan, le 23 septembre 1825, Marie-Anne (dite Manette) Huchet de Cintré, fille de Armand Huchet, comte de Cintré, et de Marie-Jeanne Hingant. Elle est morte en 1884.

De ce mariage sont nés trois fils : 1º Arthur, qui suit ;

2º Henri, mort à vingt-trois ans, sans alliance, en 1851 ;

3º Frédéric de la Goublaye, vicomte de Nantois, né le 13 octobre 1835, marié le 2 juillet 1861, à Hennebont, à Marie de Sceaux, fille de Armand de Sceaux.

Dont une fille : Thérèse-Marie, mariée en septembre 1884, à Robert Roussel de Courcy, fils de Marie-Roger et de Berthe de Saint-Germain.

ARTHUR (I) DE LA GOUBLAYE, COMTE DE NANTOIS, né le 15 novembre 1826, au château de Nantois, y mourut le 2 novembre 1888. Il avait été capitaine d'infanterie et avait épousé le 28 octobre 1856, Marie-Victoire-Elisabeth-Pauline de Nompère de Champagny, fille de Nicolas, général, vicomte de Nompère de Champagny et de Caroline de la Fruglaye, morte au château de Nantois le dix décembre 1887. Ils ont eu pour enfants :

1º Arthur (II), qui suit ;

2º Henri-Paul-Arthur-Louis-Marie, lieutenant de cavalerie, démissionnaire ;

3º Joseph ;

4º Xavier ;

5º Marie, mariée, le 11 juin 1889, à Henry Hay de Slade, lieutenant de vaisseau ;

6º Caroline, mariée, le 8 mai 1889, à Alfred Audren de Kerdrel, fils de Vincent et de Marie Michel de Kerhorre.

ARTHUR (II) DE LA GOUBLAYE, COMTE DE NANTOIS, sous-lieutenant de cavalerie démissionnaire, né au château de Nantois le 18 septembre 1859, épousa à Paris, le 29 août 1889, Louise de Lavenay, fille de Victor, ancien président de section au Conseil d'Etat et de Emma Gaillard de Kerbertin.

De ce mariage est issu : Guillaume, né à Paris le 26 janvier 1896.

Joseph de La Goublaye (1) et Jan-Baptiste-Toussaint de La Goublaye, leurs fils puisnés, et, au même degré, Victor de La Goublaye (2), fils dudit Louis-Bernard de La Goublaye de la Ville-Tual et d'Anne Le Noir, son épouze.

Lesdits de La Goublaye du Gage et des Aulnais, seconds cadets de la branche aisnée, articulent dans leur filiation, pour septième degré, Pierre de la Goublaye des Evais, fils puisné desdits Ollivier de La Goublaye et de Marie Le Paige, sieur et dame du Tertre-Pépin ; pour huitième degré Pierre-Charles de La Goublaye du Gage, fils aisné dudit Pierre de La Goublaye des Evais et de Louise Thébault ; pour neuvième degré Yves-Jan-Baptiste de La Goublaye du Gage, fils aisné dudit Pierre-Charles de La Goublaye et de Louise Profit, et Hillaire-Louis de La Goublaye des Aulnais, leur fils puisné ; pour dixième degré François-Victor de La Goublaye du Gage (3), fils aisné dudit Yves-Jan-Baptiste de La Goublaye et de Françoise-Magdelaine Boullé et dans le même degré Louis-Bonnaventure de La Goublaye des Aulnais (4), fils dudit Hillaire-Louis de La Goublaye et d'Angélique Rolland de Saint-Perran.

Lesdits de La Goublaye des Vaux, troisièmes cadets de la branche aisnée, articulent dans leur filiation pour sixième degré Gilles de La Goublaye du Cabot, fils puisné desdits Jan de La Goublaye et de Janne Grimault, sieur et dame du Cabot ; pour septième degré Jacques de La Goublaye des Isleaux, fils unique dudit Gilles de La Goublaye et Marie Gernote ; pour huitième degré Marc de

---

(1) Emmanuel Toussaint-Joseph fut prêtre et chanoine de l'église cathédrale de Saint-Brieuc ; il avait fait partie de la députation envoyée à Versailles en 1788, par les Etats de Bretagne.

(2) Cette branche est aujourd'hui représentée par un arrière-petit-fils de Victor.

(3) Il mourut à Trédaniel, le 20 nivose an V (1796), ne laissant qu'une fille.

(4) Le dernier représentant de cette branche fut François-Louis-Marie de la Goublaye, son fils, né le 21 novembre 1775 à Guehenno, mort vers 1870 à Guégon (Morbihan). C'est lui dont nous avons déjà parlé comme ayant pris part aux guerres de la Chouannerie.

La Goublaye des Vaux, fils dudit Jacques de La Goublaye et de Jacquemine Baudré ; pour neufvième degré Louis-Yves de La Goublaye des Vaux, fils aisné dudit Marc de La Goublaye et de Janne Gallais (1).

Lesdits de La Goublaye de Bellenoë et de la Ville-Bellanger, aisnés de la branche cadette, articulent dans leur filiation pour cinquième degré Gilles de La Goublaye de la Ville-Poinse, fils puisné d'Eustache de La Goublaye et d'Etiennette Jocet, sieur et dame de Bellenoë ; pour sixième degré Ollivier de La Goublaye de Lihernoël, fils aisné dudit Gilles de La Goublaye de la Ville-Poinse et de Julienne Robert ; pour septième degré Hillaire de La Goublaye du Plessis-Rabel (2), fils aisné dudit Ollivier de La Goublaye et de Gabrielle Bouan de Chateaubourg ; pour huitième degré, Charles-François de La Goublaye de Bellenoë (3), fils dudit Hillaire de La Goublaye et d'Eléonore Bertho de la Cornillère ; pour neuvième degré François-Jan-Baptiste de La Goublaye de Bellenoë (4), fils aisné

---

(1) Cette branche ne tarda pas à s'éteindre.

(2) Hilaire, seigneur du Plessis-Rabel, avait un frère : Claude, seigneur de la Ville-Bellanger, dont la postérité était éteinte lors de l'arrêt de 1770.

(3) Charles-François avait un frère aîné : Claude, seigneur du Plessis-Rabel, qui fut la souche d'un rameau fort nombreux et pauvre qui ne produisit pas en 1770 et s'éteignit dans les dernières années du siècle.

(4) François-Jean-Baptiste, chevalier, Sgr de Bellenoë, prit sa retraite comme lieutenant-colonel de cavalerie, chevalier de Saint-Louis. Il mourut le 26 mai 1791, à Lamballe, laissant pour enfants, outre Joseph-Marie-Jean-Baptiste, deux filles : 1º Marie-Joseph de la Goublaye, demoiselle de Sirty, mariée le 17 janvier 1770 à Louis-Hyacinthe-François Péan, marquis de Pomphily, lieutenant des Maréchaux de France, et 2º Hélène-Marie-Mauricette de la Goublaye, demoiselle de la Ville-Bellanger, qui épousa d'abord Jean-Baptiste-Ange, chevalier Sgr de Forsanz, dont Marie-Anne-Angélique, mariée à François de la Goublaye de Nantois. En secondes noces, Hélène-Marie-Mauricette épousa Joseph-Anne-Jean de Quérangal, Sgr de Moustoirlan.

Yves de la Goublaye, comte de Ménorval, possède le portrait de François-Jean-Baptiste de la Goublaye, Sgr de Bellenoé, en uniforme.

dudit Charles-François de La Goublaye et d'Hélène-Janne Guespin, et Joseph-Emanuel de La Goublaye de La Ville-Bellanger, leur fils puisné ; pour dixième degré Joseph–Marie-Jan-Baptiste de La Goublaye (1), fils aisné dudit François-Jan-Baptiste de La Goublaye et de Marie-Joseph de Quérengal.

---

(1) JOSEPH-MARIE-JEAN-BAPTISTE DE LA GOUBLAYE, Sgr COMTE DE MÉNORVAL, fut le premier à porter le nom de Ménorval qui était celui d'une terre de sa mère. Il fut capitaine de canonniers garde-côtes et page du duc de Penthièvre qui signa à son contrat de mariage. Il épousa, le 22 juillet 1776, sa cousine Anne-Perrine Hérisson de Beauvoir, fille de René-Julien et de Jacquette Olive de Quérangal de la Ville-Héry et mourut à Morlaix en 1807. Ils eurent pour enfants entre autres :

1° François-Marie qui suit ;

2° Eugène-Jean-Laurent de la Goublaye de Ménorval, capitaine de cavalerie, né à Lamballe le 18 octobre 1790, mort à Paris le 29 novembre 1860, marié en 1826 à Adèle Corneille Saint-Marc. Dont il eut :

    A) Eugène (II) de la Goublaye de Ménorval, marié en 1859 à Clarisse Corneille Saint-Marc, sa cousine, décédé à Paris le 26 octobre 1897. Il a écrit plusieurs ouvrages estimés principalement sur l'histoire de Paris.

        Dont : a) Eugène, né à Paris en 1864,

            b) Marguerite, morte sans alliance,

            c) Hélène.

    B) Léon, mort sans postérité.

3° Elisabeth-Jacquette-Françoise, née en 1777, épousa à Jersey, en 1793, Jacques-Louis-Joseph, Sgr comte de Quelen de Kerohant, fils de Urbain-Guillaume et de Rose-Marie Hérisson de Beauvoir ;

4° Antoinette, mariée en 1819 à Jacques Gardin de la Bourdonnaye.

FRANÇOIS-MARIE DE LA GOUBLAYE, COMTE DE MÉNORVAL, né à Lamballe le 18 décembre 1788, marié d'abord en 1813 à Julie Carré-Kerisouet, dont il n'eut pas d'enfants, épousa à Pléneuf, le 22 novembre 1825, Agathe-Julie de la Motte de la Motte-Rouge, fille de Joseph-Marie, chef de bataillon dans la garde royale et de Agathe-Julie de la Motte de la Guyomarais. Elle était sœur jumelle du général de la Motte-Rouge, grand'croix de la légion d'honneur et mourut à Saint-Brieuc le 17 juillet 1883. Son mari était mort le 15 février 1852.

De ce mariage issurent :

1° François-Joseph-Marie qui suit ;

2° Alfred-Marie, lieutenant d'infanterie, décédé sans alliance ;

4

Ledit de La Goublaye du Ferray, cadet de la branche cadette, articule dans sa filiation, pour sixième degré, Jacques de La Goublaye de Bellenoë, fils puisné dudit Gilles de La Goublaye et de Julienne Robert, sieur et dame de la Ville-Poinse. Pour septième degré, François-Charles de La Goublaye du Closneuf, fils dudit Jacques de La Goublaye et de Gillette de La Motte ; pour huitième degré, François-Louis de La Goublaye du Perray, fils aisné dudit François-Charles de La Goublaye et de Mathurine Halna ; pour neuvième degré, Thomas-Louis de La Goublaye du Perray, fils aisné dudit François-Louis de La Goublaye et de Margueritte Jouannin ; pour dixième degré, François-Louis de La Gou-

---

3° Edouard-Ernest-Marie, décédé sans alliance ;

4° Henry-François-Marie-Hyacinthe, sous-lieutenant d'infanterie, mort sans alliance.

5° Léonce-Auguste-Henry-Joseph de la Goublaye, vicomte de Ménorval, lieutenant d'infanterie, né le 5 juin 1835 au château de la Folinaye en Hénanbihen, mort à Corlay le 19 janvier 1874, avait épousé à Souillac (Lot), le 26 novembre 1866, sa cousine Azélie-Marie-Henriette de la Motte de la Motte-Rouge, fille de Charles-Louis-Hubert et de Anne-Céline-Nicole Rouxel de Lescouët, décédée à Saint-Brieuc le 5 septembre 1884. De ce mariage est issu :

Joseph-Alfred-Henry-Marie de la Goublaye, vicomte de Ménorval, né à Montrottier (Rhône) le 23 octobre 1869, marié le 26 avril 1892 à Saint-Brieuc, à Adelaïde-Aimée-Marie Mircher, fille de Hippolyte Mircher, général de brigade, commandeur de la Légion d'honneur, et de Marguerite-Louise-Renée de Mercy. De ce mariage deux fils :

1° Pol-Joseph-Charles Marie, né à Saint-Brieuc, le 18 juin 1893 ;

2° Hervé-Léonce-Hippolyte-Marie, né à Saint-Brieuc, le 13 août 1896.

FRANÇOIS-JOSEPH-MARIE (DIT FRANCIS) DE LA GOUBLAYE, COMTE DE MÉNORVAL, né le 24 janvier 1827, au château de la Folinaye en Hénanbihen, capitaine d'infanterie, mort à Lannion le 18 février 1879, avait épousé à Ancenis, le 9 octobre 1861, Marie-Philomène-Joséphine-Eugénie-*Caroline* de Girardin, fille de Eugène de Girardin, l'un des défenseurs du château de la Pénissière en 1832 et de Joséphine de Meaulne. De ce mariage un fils qui suit :

YVES DE LA GOUBLAYE, COMTE DE MÉNORVAL, lieutenant de cavalerie, né au château de la Haute-Bergère, en Saint-Léger des Bois (Maine-et-Loire), le 23 septembre 1863, marié à Nantes le 8 juillet 1897, à Marie Potier.

blaye (1), fils dudit Thomas-Louis de La Goublaye et de Marie Bureau. La subjonction desdits de La Goublaye, demandeurs, mise au greffe le vingt-huit juin mil sept cents soixante–dix, par laquelle ils répètent les conclusions prises par l'induction du onze août mil sept cens soixante-neuf.

Sur le quatrième (2) degré de la filiation du sieur de La Goublaye des Salles, transaction passée le seize aoust mil cinq cents cinquante-sept au raport des notaires de Montafilant, entre demoiselle Guyonne de La Goublaye d'une part et Noble homme Eustache de La Goublaye, son frère aisné, héritier principal et Noble de Demoiselle Coline de La Houssaye, leur mère, sur l'instance lors pendante entre eux dans la jurisdiction de Montafilant au sujet de la demande y faite par laditte Guyonne audit Eustache, son frère, de levées d'une rente de

---

(1) François-Louis de la Goublaye, Sgr du Perray, fut le dernier mâle de cette branche. En 1789 il était colonel du régiment de Reine-Cavalerie. Il épousa à Bordeaux, le 20 juillet 1779, Catherine Dauville dont il n'eut pas d'enfants et mourut en 1815. Sa succession fut recueillie par la famille de sa sœur Marie-Charlotte, épouse de M. Le Coniac de la Pommerais.

M. Le Hir de Rumeur, héritier des Le Coniac de la Pommerais, possède à Quintin un portrait du colonel de la Goublaye.

(2) Voir pour les trois premiers degrés les notes précédentes et les pièces justificatives.

Amaury de La Goublaye (et par suite les branches actuelles) se rattache encore aux réformations de noblesse du xve siècle par l'intermédiaire de la branche de La Goublaye de Beaumont :

En effet, Jacques de La Goublaye, Sgr de Beaumont (fils de Jéhan, vivant à Erquy en 1403, et de Olive Collet, mentionnée à la réformation d'Erquy de 1427), *paraît à la Réformation de 1440 avec les nobles d'Erquy*. Il mourut en avril 1473 et son rachat fut présenté par Rolland de La Goublaye, *son frère cadet* et héritier qui devint ainsi seigneur de Beaumont. Ce dernier avait comparu à la montre des nobles à Moncontour en 1469, habitant alors Planguenoual. Ce Rolland de La Goublaye, avant de mourir en 1496, fit, le 4 septembre 1493, son testament dans lequel il faisait un don à Amaury de La Goublaye, son filleul, fils d'Olivier, *son cousin paternel*.

Voilà pourquoi aux pièces destinées à prouver la filiation d'Amaury nous en avons ajouté quelques autres concernant les La Goublaye de Beaumont.

douze quarts et demi de seigle lui accordés par lui aux fins d'une assignation qu'il lui en auroit faite sur ses biens, sur son droit de partage dans la succession noble de la ditte Coline de La Houssaye, ainsi et comme aisné noble est tenu asseoir à ses puisnés, du consentement d'Amaury de La Goublaye, leur père, par laquelle transaction ledit Eustache s'oblige de payer à la ditte Guyonne, sa sœur, la somme de quatre-vingts écus sols et la ditte Guyonne fait remise audit Eustache de laditte rente en considération de Jan de La Goublaye, son fileul, fils aisné dudit Eustache.

Sur le cinquième degré, transaction passée le quatre novembre mil cinq cents quatre-vingt-un devant les notaires de la Hunaudais entre noble Jan de La Goublaye, sieur du Cabot, d'une part, et Gilles de La Goublaye, sieur de la Ville-Poinse, son frère puisné d'autre part, par laquelle, sur ce que ledit Gilles de La Goublaye, demandoit ses portions et rapports audit Jan de La Goublaye comme fils aisné et heritier principal et noble de défunt noble homme Eustache de La Goublaye, et comme démissionnaire de noble homme Amaury de La Goublaye, son grand-père et sur ce qu'il soutenoit devoir avoir partage au tout, au noble comme au noble et au partable comme au partable, de la manière que noble homme est tenu de faire à ses puisnés, les parties demeurèrent d'accord que ledit Jan aisné payeroit audit Gilles son frère puisné pour toutes ses prétentions la somme de quatre cents livres.

Sur le sixième degré, un extrait baptistaire d'Olivier de La Goublaye, fils de Jehan de La Goublaye et de Jehanne Grimault, du sept février mil cinq cents quatre-vingt trois ; autre extrait baptistaire de Jan de La Goublaye, fils noble autre Jan et Janne Grimault du vingt-trois mars mil cinq cents quatre-vingt-quatorze, lesdits deux extraits tirés sur les registres de baptême de la paroisse de Saint-Alban, évêché de Saint-Brieuc ; une sentence rendue le dix mars mil six cents dix-huit dans la jurisdiction de Lamballe entre noble homme Ollivier de

La Goublaye, sieur du Tertre, héritier principal et noble par bénéfice d'inventaire d'autre noble homme Jan de La Goublaye et les créanciers de laditte succession ; Un contrat de mariage passé le vingt-huit aoust mil six cents trente-six devant les notaires royaux de Saint-Brieuc entre noble homme Ollivier de La Goublaye sieur du Tertre et du Cabot, de la paroisse de Saint-Alban, et demoiselle Marie Le Paige, dame de la Villeneuve ; certificat donné le vingt-septième novembre mil sept cents soixante-neuf, par Missire Joseph Morvan, curé de la treve de Saint-Gildas du Chauvau, paroisse du Vieux-Bourg-Quintin, évêché de Quimpert, d'avoir cherché les anciens registres de cette treve pour les années mil six cents trente-six, mil six cents trente-sept et mil six cents trente-huit de n'en avoir trouvé aucun desdites années, et qu'il lui étoit impossible de délivrer l'extrait des épousailles d'Ollivier de La Goublaye, sieur du Tertre-Pépin et dame Marie Le Paige, lors domiciliaire de cette trève. Transaction passée le quatre décembre mil six cents quarante-cinq (1) devant les notaires de la Hunaudaye entre noble homme Gilles de La Goublaye, sieur du Cabot et noble homme Olivier de La Goublaye, sieur du Tertre, son frère aisné et demoiselle Marie Le Paige sa compagne, au sujet des levées du droit de partage dû audit Gilles, tant au noble qu'au partable dans les successions de nobles gens Jan de La Goublaye et damoiselle Janne Grimault ses père et mère, par laquelle transaction les parties traitèrent pour une somme de cent quinze livres que ledit Ollivier de La Goublaye paya audit Gilles, son frère.

Sur le septième degré, un extrait baptistaire de noble homme Charles de La Goublaye, fils de noble gens Ollivier de La Goublaye et demoiselle Marie Le Paige, sieur et dame du Tertre-Pépin, du huit septembre mil sept cents trente huit (2),

---

(1) Lire 1641.
(2) Lire 1638.

tirés des registres de la paroisse de Saint-Alban. Extrait des épouzailles d'Ecuyer Charles de La Goublaye, sieur du Tertre-Pépin, de la paroisse de Saint-Alban et demoisellle Marie Delpeuch, dame du Pré de Châtelaudren, du vingt-six septembre mil six cents soixante-deux, tirés des registres de la paroisse de Châtelaudren. Une transaction passée le vingt-quatrième juillet mil six cents soixante-sept, devant les notaires de La Hunaudaye, entre Ecuyer Charles de La Goublaye, sieur du Tertre et écuyer Pierre de La Goublaye, sieur des Evais, son frère puisné sur l'instance d'entr'eux au sujet du partage au noble comme au noble, et au partable comme au partable des successions de nobles gens Ollivier de La Goublaye et damoiselle Marie Le Paige, sieur et dame du Tertre-Pépin, par laquelle transaction ledit sieur du Tertre, pour demeurer quitte dudit partage, transporte au sieur des Evais certains héritages y dénommés.

Sur le huitième degré, extrait baptistaire de Jan de La Goublaye, fils de noble homme Charles de La Goublaye et de demoiselle Marie Delpeuch, sieur et dame du Tertre-Pépin, du seize mars mil six cents soixante-neuf, tirés des registres de la paroisse de Saint-Alban. Transaction passée le six avril mil six cents quatre-vingt treize au rapport des notaires de bien assis, entre écuyer Bernard de La Goublaye, sieur de Nantois, fils aisné, héritier principal et noble d'Ecuyer Charles de La Goublaye, sieur du Tertre-Pépin, Jan de La Goublaye, sieur de Pontrouault et Jan-Baptiste-Gilles de La Goublaye, sieur de Créhen d'une part et écuyer Pierre-Charles de La Goublaye, sieur du Gage d'autre part sur une assignation donnée à requête dudit de La Goublaye du Gage, tant afin de se faire remettre les titres au soutien des rentes cédées audit feu sieur des Evais par le sieur du Tertre, par acte du vingt-quatre juillet mil six cents soixante-sept, que pour le rapport de sa portion de sommes touchées par lesdits de La Goublaye de Nantois, du Pontrouault et de Créhen, dépendantes de la succession d'Ollivier de La Goublaye, sieur du Tertre, auteur commun des parties, par laquelle transaction le sieur de Nantois auroit remis audit de La Goublaye du Gage lesdits titres et quant au rapport les parties se seroient accordées à la somme de quatre cens cinquante livres, dont ledit de La Goublaye de Nantois auroit payé trois cents livres pour ses deux tiers, et lesdits sieurs de Pontrouault et de Créhen se seroient obligés de payer cent cinquante livres pour l'autre tiers. Un certificat du marquis de Reffuge, capitaine d'une compagnie de gentilshommes du huit juillet mil six cents quatre-vingt-treize que le sieur de La Goublaye du Pontrouault est cadet dans sa compagnie depuis dix jours. Un extrait des épousailles de noble homme Jan de La Goublaye, sieur du Pontrouault et de damoiselle Janne Bosquen, dame des Salles, du quatorze février mil six cents quatre-vingt-dix-neuf, tirés sur les registres de la paroisse de Hénansal, évesché de Saint-Brieuc.

Sur le neufvième degré, un extrait baptistaire de Félix Bonaventure, fils d'écuyer Jan de La Goublaye et de damoiselle Janne Bosquen, son épouze, sieur et dame du Pontrouault, du vingt-deux avril mil sept cents neuf, tiré sur les registres de la paroisse de Planguenoual, évêché de Saint-Brieuc. Sentence des Reguaires de Saint-Brieuc, du dix-huitième juillet mil sept cent vingt-cinq, par laquelle écuyers André-Bernard, Félix-Bonnaventure et demoiselle Janne-Angélique de La Goublaye, frères et sœurs, enfans d'écuyer Jan de La Goublaye, sieur du Pontrouault, et de dame Janne Bosquen, leur père et mère auroient été licenciés à jouir et disposer de leurs meubles et levées de leurs immeubles sur les consentements de leurs parents, entr'autres d'écuyers Bernard de La Goublaye, sieur de Nantois, Jan-Baptiste-Gilles de La Goublaye, sieur de Créhen, frères germains dudit de La Goublaye du Pontrouault, d'ecuyer Pierre de La Goublaye, sieur du Gage, son cousin germain et d'écuyer François-Louis de La Goublaye sieur du Perray, son cousin au quart degré. Un acte passé le vingt-sixième septembre mil sept cents trente deux, par devant les notaires royaux de Saint-Brieuc, par lequel écuyer André-Bernard de La Goublaye, sieur du Prédéro, fils aisné, héritier principal et noble d'écuyer Jan de La Goublaye, sieur du Pontrouault et encore héritier principal et noble d'écuyer Bernard de La Goublaye, sieur de Nantois, se seroit démis de tous ses droits auxdites deux successions, au profit d'écuyer Félix-Bonaventure de La Goublaye son frère, aux conditions d'asseoir son douaire à dame Janne Bosquen, dame du Pontrouault, leur mère commune et de traiter de son partage avec demoiselle Janne-Angélique de La Goublaye, demoiselle du Pontrouault, leur sœur. Un extrait des épousailles d'écuyer Félix-Bonaventure de La Goublay, sieur des Salles, fils d'écuyer Jan de La Goublaye et de dame Janne Bosquen, sieur et dame de Pontrouault, et demoiselle Catherine Ripenel, tiré sur les registres de la paroisse de Cardroc, évêché de Saint-Malo. Arrest de la Cour rendu le cinq février mil sept cents quarante-huit entre dame Janne Bosquen, veuve d'écuyer Jan de La Goublaye, sieur de Pontrouault, demoiselle Janne-Angélique-Françoise de La Goublaye du Pontrouault, appelantes d'appointement et sentence de jonction de la juridiction de Lamballe du vingt-huit janvier mil sept cents quarante-quatre, écuyer Félix-Bonaventure de La Goublaye intimé et de sa part appelant et écuyer André-Besnard de La Goublaye intimé, par lequel la Cour auroit mis lesdites appellations et ce, corrigeant et réformant, auroit ordonné que ledit de La Goublaye du Prédero feroit dès à présent une assiette de douaire à la ditte Bosquen et une désignation de partage auxdits Félix-Bonnaventure et Janne-Angélique-Françoise de La Goublaye, sans y comprendre cependant quant à présent la métairie de la vallée Denis. Deux exploits d'audience de la jurisdiction de Moncontour des vingt-cinq octobre et vingt-six décembre mil sept cent cinquante-un entre Messire Félix-Bonnaventure de La Goublaye, chevalier, sieur des Salles, demandeur et écuyer Jean-Baptiste de La Goublaye, sieur du Gage et ses frères et sœurs ; contrat de mariage passé le 16 aoust mil sept cents soixante-trois, devant les notaires de Matignon, entre écuyer Jan-Jules-Joseph de Châteaubriand de la Guérande et demoiselle Marie-Reine de La Goublaye, fille majeure de feu écuyer André-Bernard de La Goublaye et de feue dame Renée-Françoise-Agnès-Eulalie Visdelou, dame de Prédéro. Compromis du vingt-six avril mil sept cents soixante-quatre, fait entre Messire Jean-Joseph de Châteaubriand et dame Eulalie-Reine de La Goublaye son épouze, fille et unique héritière de Messire André-Bernard de La Goublaye, sieur du Prédéro et Messire Félix Bonnaventure de La Goublaye, sieur des Salles, tant en privé nom que faisant le fait valable pour demoiselle Janne-Angélique-Françoise de La Goublaye du Pontrouault, sa sœur pour parvenir au réglement du partage de la succession directe du sieur du Pontrouault, père commun et de la succession collaterale du feu sieur de Nantois oncle commun ; certificat du greffier des Etats de Bretagne du six aoust mil sept cent soixante-neuf, qui prouve que Félix-Bonnaventure de La Goublaye est employé dans l'Etat des vingt anciens gentils-hommes, qui suivant l'ancienneté de leurs inscriptions devoient recevoir la gra-tification de deux cents livres chaque, en la tenue des Etats assemblés à Rennes en l'année mil sept cent soixante-six.

Sur le dixième degré, un extrait baptistaire de Charles-Anne-Félix, fils d'écuyer Félix-Bonnaventure de La Goublaye, sieur des Salles et de dame Catherine Ripenel, son épouze du dix-neuf février mil sept cents quarante-quatre. Autre extrait de baptême de Félix-Jean-Joseph de La Goublaye, fils desdits Félix Bonnaventure et dame Catherine Ripenel, ses père et mère du vingt-cinq juillet mil sept cents quarante-six, lesdits deux extraits tirés sur les registres de baptème de la paroisse de Saint-Germain de Rennes.

Sur la filiation des sieurs de Nantois et de la Ville-Tual, certificat donné le septième décembre mil sept cents vingt-trois par Claude L'Hotelier, recteur de Saint-Alban, par lequel on voit qu'écuyer Jan-Baptiste-Gilles de La Goublaye, sieur de Crehen et de Nantois, étoit fils d'autre écuyer Charles de La Goublaye et de dame Marie Delpeuch, sieur et dame du Tertre-Pépin, mais qu'ayant à sa prière vû et lû les registres de baptème de sa paroisse où est située la maison du Tertre-Pépin, depuis plus de soixante ans il ne se seroit point trouvé inséré sur

5

lesdits registres ; arrest rendu le vingt-deuxième février mil sept cents vingt-cinq par les commissaires généraux du conseil par lequel, avant faire droit sur la demande dudit Jan-Baptiste-Gilles de La Goublaye à ce que l'arrest du onze septembre mil sept cents vingt-trois fut déclaré commun avec lui, il auroit été ordonné que dans trois mois il seroit tenu de justifier plus amplement du tems de sa naissance, à faute de quoi il seroit passé outre au jugement de l'instance sur les pièces qui se trouveroient produites. Requête présentée le six juin mil sept cents vingt-cinq aux juges royaux de Saint-Brieuc par Jan-Baptiste de La Goublaye, ecuyer, sieur de Crehen, tendante à ce qu'il leur plut se transporter au presbitère de la paroisse de Saint-Alban pour compulser les registres de baptême de laditte paroisse depuis l'année mil six cents soixante-neuf jusqu'en mil six cents quatre-vingt-dix, tems de la mort du feu sieur du Tertre-Pépin et vérifier sur iceux si l'extrait baptistaire du suppliant y est employé, comme aussi lui permettre de faire assigner devant eux, habitants de la paroisse de Saint-Alban, pour déposer sur sa naissance et son âge ; laquelle requête auroit été répondue par l'alloué de Saint-Brieuc, d'une ordonnance qu'il seroit par lui descendu et d'un permis d'assigner témoins ; assignations à témoins données le neuf juin mil sept cents ving-cinq à requête dudit de La Goublaye de Créhen ; procès-verbal de vérification faite le onzième juin par l'alloué de la jurisdiction royalle de Saint-Brieuc des registres de baptêmes de la paroisse de Saint-Alban depuis le commencement de l'année mil six cents soixante-neuf jusqu'en l'année mil six cents quatre-vingt-dix ; cahier d'enquête faite le lendemain douze juin devant l'alloué de ladite jurisdiction en excécution de son ordonnance du six juin.

Sur le neufvieme degré. Extrait baptistaire de Toussaint-René de La Goublaye, fils de noble homme Jan-Baptiste-Gilles de La Goublaye, sieur de Créhen, et de dame Janne Hersart, son épouze, du sept décembre mil six cents quatre-vingt-dix-huit, tiré des registres de baptême de la paroisse de Pléneuf, évêché de ·

Saint-Brieuc. Contrat de mariage passé le dix-huit février mil sept cents trente-
cinq devant les notaires royaux de Rennes entre écuyer Toussaint de La Goublaye,
sieur de Nantois, autorisé nonobstant sa majorité d'écuyer Jan-Baptiste de La
Goublaye, sieur de Crehen, son père, et demoiselle Jacquette Oren de la Ville-
Martin. Extrait des épouzailles du dit écuyer Toussaint-René de La Goublaye,
sieur de Nantois, de la paroisse de Pléneuf, et ladite demoiselle Janne-Jacquette
Oren de la Ville-Martin, en présence d'écuyer Jan-Baptiste-Gilles de La Goublaye,
sieur de Créhen, père dudit de La Goublaye de Nantois, du vingt février mil
sept cens trente-cinq, tiré sur les registres de la paroisse de Saint-Aubin de
Rennes. Extrait baptistaire de Louis-Bernard de La Goublaye, fils de noble homme
Jan-Baptiste-Gilles de La Goublaye, sieur de Crehen, et de dame Janne Hersart,
son épouse, du dix-huitième octobre mil sept cents un, tiré sur les registres de
baptême de la paroisse de Pléneuf ; extrait des épousailles d'écuyer Louis-Bernard
de La Goublaye, chevalier, sieur de la Ville-Tual, fils d'écuyer Jan-Baptiste de
La Goublaye et de Janne Hersart, sieur et dame de Créhen, et demoiselle Anne
Le Noir de Kerglas, du vingt-cinq juin mil sept cents quarante-deux tiré sur les
registres de la paroisse de Belle-Isle-en-Terre.

Sur le dixième degré, un extrait baptistaire de Rodolphe-Emanuel, fils de
Messire Toussaint-René de La Goublaye et de dame Janne-Jacquette Oren, du
seize juin mil sept cents quarante-sept. Extrait des premières cérémonies de
baptême fait à un fils de Messire Toussaint-René de La Goublaye, sieur de Nantois,
et de dame Janne-Jacquette Oren de la Ville-Martin, son épouze, né le dix et
ondoyé le onze octobre mil sept cents quarante-huit, les deux derniers extraits
tirés sur les registres de baptême de Saint-Etienne de Rennes. Extrait d'un
supplément de cérémonie et impositions des noms de Thomas-Marie-Bernard, fils
de Messire Toussaint-René de La Goublaye, sieur de Nantois, et de dame Janne-
Jacquette Oren de la Ville-Martin, du quatorze septembre mil sept cens soixante-

quatre, tiré des registres de l'église paroissialle et cathedrale de Saint-Malo ;
extrait baptistaire d'Emanuel-Toussaint-Joseph, fils de Messire Toussaint-René
de La Goublaye et de dame Janne-Jacquette Oren, sieur et dame de Nantois, du
dix-neuf mars mil sept cent cinquante-cinq ; autre extrait baptistaire de Jan-
Baptiste-Toussaint, fils dudit Toussaint de La Goublaye de Nantois et de dame
Jacquette Oren, son épouze, du dix-neüf juin mil sept cents cinquante-huit ;
lesdits deux derniers extraits tirés sur les registres de baptême de la paroisse de
Pléneuf ; autre extrait baptistaire d'écuyer Victor de La Goublaye, fils de Messire
Louis-Bernard de La Goublaye et de dame Anne Le Noir, son épouze, sieur et
dame de la Ville-Tual, du douzième septembre mil sept cents quarante-quatre,
tiré sur les registres de baptême de la paroisse de Belle-Isle-en-Terre.

Sur le septième degré de la filiation du sieur du Gage et des Aulnais, un
extrait baptistaire de noble homme Pierre de La Goublaye, fils de nobles gens
Ollivier de La Goublaye et demoiselle Marie Le Paige, sieur et dame du Tertre-
Pépin, du huit octobre mil six cents trente-neuf tiré sur les registres de baptême
de la paroisse de Saint-Alban ; extrait des épouzailles de noble homme Pierre de
La Goublaye, sieur des Evais, de la paroisse de Saint-Alban, et demoiselle Louise
Thébault, dame de Langle, de la ville de Lamballe, en présence de noble homme
Charles de La Goublaye, sieur du Tertre-Pépin, frère aisné dudit sieur des
Evais, du dix-huitième septembre mil six cents soixante-dix tirés des registres
des paroisses de Lamballe.

Sur le huitième degré, extrait baptistaire de noble Pierre-Charles de La Goublaye,
fils d'autre noble homme Pierre de La Goublaye et damoiselle Louise Thébault,
du dix-huit may mil six cents soixante-treize tiré sur les registres de la paroisse
de Hénansal. Acte passé le huit avril mil six cents quatre-vingt-treize devant les
notaires de la Touche-Trébry, entre écuyer Pierre-Charles de La Goublaye, sieur
du Gage, fils aisné, héritier principal et noble d'écuyer, Pierre de La Goublaye,

sieur des Evais, et damoiselle Claude de La Goublaye des Evais, sœur dudit sieur du Gage, par lequel acte et transaction sur l'action en demande de partage au noble comme au noble et au partable comme au partable, ledit de La Goublaye du Gage auroit désigné à la ditte de La Goublaye des Evais, sa sœur, pour son droit de partage dans la succession dudit de La Goublaye des Evais, père commun les héritages y référés ; extrait des épouzailles de Pierre de La Goublaye, sieur du Gage, de la paroisse de Trédaniel, et de damoiselle Louise-Anne Profit, de Saint-Brieuc du huitième octobre mil sept cent deux, tiré des registres de mariage de la paroisse de Saint-Michel de Saint-Brieuc.

Sur le neufvieme degré, extrait baptistaire d'Yves-Jan-Baptiste, fils de noble homme Pierre de La Goublaye, sieur du Gage, et demoiselle Louise Profit, dame du Gage, du trois aout mil sept cents quatre, tiré des registres de baptême de la paroisse de Saint-Michel de Saint-Brieuc ; extrait des épouzailles d'écuyer Yves-Jan-Baptiste de La Goublaye, sieur du Bois-Hignorel, de la paroisse de Trédaniel, et demoiselle Françoise Boullé des Métairies, de la paroisse de Bréhan, du neut janvier mil sept cents quarante-trois, tiré des registres de la paroisse de Bréhand-Moncontour, évêché de Saint-Brieuc ; extrait baptistaire de Hillaire-Louis, fils de noble homme Pierre de La Goublaye, sieur du Gage, et de demoiselle Louise-Janne Profit, dame du Gage, du trois novembre mil sept cents quatorze, tiré sur les registres de baptême de la paroisse de Trédaniel ; un extrait des épouzailles de messire Hillaire-Louis de La Goublaye, sieur des Aulnais et du Gage, de Trédaniel, et demoiselle Angélique Rolland, dame de Saint-Perran, de la paroisse du Gueheno, du vingt-neuf may mil sept cents trente-sept, tiré des registres de laditte paroisse de Guéheno, évesché de Vannes ; procès-verbal de prisage fait le premier décembre mil sept cents quarante-sept, en exécution de sentence de Moncontour des biens propres et d'acquêts dépendants de la succession d'écuyer Pierre-Charles de La Goublaye, sieur du Gage, entre écuyer Jan-Baptiste de La

Goublaye, sieur du Boishignorel, fils aisné héritier principal et noble dudit sieur du Gage, dame Louise Profit, tant en privé nom que comme veuve communière et donataire dudit de La Goublaye du Gage et tutrice de ses enfans mineurs, Hillaire de La Goublaye et autres enfans dudit Pierre de La Goublaye du Gage, ledit prisage fait par écuyer Jan Bertelot de Lavillesion, écuyer Gilles Le Mouenne de La Rivière et écuyer Louis Le Veneur de la Ville-Chapron, priseurs nobles ; arrest de la Cour du seize janvier mil sept cents quarante-neuf par lequel il auroit été permis à écuyer Jan-Baptiste de La Goublaye, sieur du Boishignorel, fils aisné héritier principal et noble de feu écuyer Pierre-Charles de La Goublaye du Gage, de faire lors, dès à présent et par provision expulser Pierre et Françoise de La Goublaye de la maison principale du Chaucheix.

Sur le dixième degré, un extrait baptistaire d'écuyer François-Victor, fils d'écuyer Yves-Jan-Baptiste de La Goublaye, sieur du Gage et de dame Françoise-Magdelaine Boullé, son épouze, du treize octobre mil sept cents cinquante, tiré des registres de baptême de la paroisse de Trédaniel. Extrait baptistaire de Louis-Bonnaventure de La Goublaye, fils d'écuyer Hillaire-Louis de La Goublaye des Aulnais et de demoiselle Angélique-Renée Rolland de Saint-Perran, ses père et mère, du dix-septième avril mil sept cents trente-huit, tiré sur les registres de baptême de la paroisse de Guehenno.

Sur le sixième degré de la famille des sieurs des Vaux, un extrait baptistaire de Gilles de La Goublaye, fils Jan et Janne Grimault, ses père et mère, du dix-neufvième janvier mil six cents un ; extrait des épouzailles de noble homme Gilles de La Goublaye, sieur du Cabot, et Marie Gernote du premier février mil six cents trente-trois.

Sur le septième degré, extrait baptistaire de Jacques de La Goublaye, fils de Gilles et Marie Gernot, du cinq février mil six cents trente-sept ; extrait des épouzailles de noble homme Jacques de La Goublaye, sieur des Isleaux, et damoiselle Jacquemine Baudré, dame de la Vigne, du trente juin mil six cents soixante-sept.

Sur le huitième degré, extrait baptistaire de Marc de La Goublaye, fils de nobles gens Jacques de La Goublaye et damoiselle Jacquemine Baudré, sa compagne, du onze janvier mil six cents soixante-quatorze, lesdits extraits ci-dessus signés au délivrement F. Denis, recteur de Saint-Alban ; contrat de mariage rapporté le treize décembre mil sept cents quatorze par les notaires de Limouëllan, entre écuyer Marc de La Goublaye, sieur des Vaux, fils de feu écuyer Jacques de La Goublaye et de dame Jacquemine Baudré, sieur et dame des Isleaux, ses père et mère, et demoiselle Janne Gallais, dame du Tertre. Extrait des épouzailles de noble homme Marc de La Goublaye, sieur des Vaux, de la paroisse de Pommeret, et demoiselle Janne Le Gallais, de la paroisse de Hillion, du huit février mil sept cents quinze, signé au délivrement René-Julien Poret, recteur de Hillion. Acte passé le vingt-un mars mil sept cents quarante-cinq devant les notaires de la Hunaudaye entre demoiselle Marie-Laurence de La Goublaye de la Ville-Mainguy, heritière principale et noble de Messire René de La Goublaye, prestre, lequel étoit fils aisné et heritier principal et noble d'écuyer Jacques de La Goublaye et Jacquemine Baudré, sieur et dame des Isleaux, et ledit Marc de La Goublaye des Vaux, en partie héritier desdits sieur et dame des Isleaux, ses père et mère, et dudit René de La Goublaye, prestre, son frère aisné, par lequel acte il se seroit fait entre laditte Marie-Laurence de La Goublaye de la Ville-Mainguy et ledit Marc de La Goublaye des Vaux, partage au noble comme au noble et au partable comme au partable tant de la succession directe dudit Jacques de La Goublaye des Isleaux que de la succession collatérale de René de La Goublaye, prestre.

Sur le neufvieme degré, extrait baptistaire de Louis-Yves, fils d'écuyer Yves de La Goublaye et de demoiselle Janne Gallais, son épouze, sieur et dame des

Vaux, du vingt-cinq aoust mil sept cents dix-neuf ; extrait baptistaire de Marc-Jan de La Goublaye, fils d'écuyer Marc de La Goublaye et de dame Janne Le Galais, son épouze, sieur et dame des Vaux, du vingt-trois novembre mil sept cens vingt-trois, lesdits deux extraits tirés sur les registres de baptême de la paroisse de Pommeré, évesché de Saint-Brieuc.

Sur le cinquieme degré de la filiation des sieurs de Bellenoe et de la Ville-Bellanger, sentence rendue le huit juin mil six cents douze dans la jurisdiction du Guémadeuc, à la poursuite de demoiselle Julienne Robert, tutrice et garde de nobles gens Ollivier et Jacques de La Goublaye, ses enfans, issus de son mariage avec défunt noble homme Gilles de La Goublaye, sieur de la Ville-Poinse, par laquelle sentence il auroit été nommé un curateur auxdits enfans sur les avis des parents au nombre desquels furent noble homme Jan de La Goublaye, sieur du Cabot, qui dit être frère du père des mineurs, de noble homme Ollivier de La Goublaye, sieur du Tertre, qui dit être leur cousin-germain du côté paternel ; transaction passée le six janvier mil six cens dix-sept entre Jacques Duault, doyen d'Aubigné et recteur de Sains d'une part, et demoiselle Julienne Robert, veuve d'écuyer Gilles de La Goublaye, sieur de la Ville-Poinse, en privé nom et comme tutrice de leurs enfans.

Sur le sixième degré, certificat donné le quatorze décembre mil sept cent soixante-neuf par E. Baudouard, recteur de Hénansal, par lequel il auroit déclaré avoir exactement cherché tous les anciens registres de cette paroisse et n'en avoir trouvé aucuns depuis mil cinq cents quatre-vingt-douze jusqu'en mil cinq cents quatre-vingt-dix-huit sans en savoir la cause et en conséquence ne pouvoir delivrer l'extrait de baptême d'Ollivier de La Goublaye fils de Gilles de La Goublaye et de Julienne Robert sieur et dame de la Ville-Poinse qui se doit trouver sur les registres de laditte paroisse dans l'une de ces années. Extrait des épouzailles d'Ecuyer Ollivier de La Goublaye sieur de Lihernoël et Noble demoiselle Gabrielle

Bouan dame de Chateaubourg du six may mil six cents quarante un, signé au délivrement Ermenier recteur de Dourdin, évêché de Rennes, Prisage fait le dix-neuf septembre mil six cents cinquante-trois en execution de sentences du chemin chaussé, des biens tant de la succession de demoiselle Julienne Robert que des acquêts qu'auroient fait pendant leur société Nobles gens Ollivier de La Goublaye sieur de Lihernoël et Jacques de La Goublaye sieur de Bellestre son frere, enfans et heritiers de laditte Robert leur mère, fait entre Noble homme Jean Dutertre curateur particulier des enfans mineurs dudit feu sieur de Lihernoël et de demoiselle Gabrielle Bouan son épouze et ledit sieur de Bellestre, lequel partage auroit été fait par Ecuyer Claude Le Borgne du Bignon, Toussaint Gaudin de Launay et Nicolas Poullain, priseurs nobles.

Sur le septième degré, extrait d'Epouzailles de Noble homme Hillaire de La Goublaye sieur du Plessix et damoiselle Eleonore Bertho dame de la Forrière du vingt-un novembre mil six cents soixante-treize, ledit extrait signé au délivrement V. Macé recteur de Saint-Martin de Lamballe.

Sur le huitième degré, extrait baptistaire de Noble homme Charles-François de La Goublaye, fils de Nobles gens Hillaire de La Goublaye et demoiselle Eléonore Bertho sieur et dame du Plessix du vingt-neuf novembre mil six cents quatre-vingt, signé au délivrement E. Baudouard recteur de Hénansal. Extrait des épousailles d'Ecuyer Charles-François de La Goublaye sieur de Bellenoë et demoiselle Janne Guespin de la Hamonnays du vingt-un octobre mil sept cents neuf, signé au délivrement Mongodin recteur de Saint-Aubin de Rennes. Acte passé le douze aout mil sept cents vingt-un devant les notaires de Lamballe entre Ecuyer Claude de La Goublaye sieur du Plessix héritier principal et Noble d'Ecuyer Hillaire de La Goublaye sieur du Plessix-Rabel et de Dame Eléonore Bertho son épouze, ses père et mère, Ecuyer Charles-François de La Goublaye sieur de Bellenoë et autres tous frères et sœurs puisnés dudit Claude de La Goublaye et aussi enfans

6

desdits Hillaire de La Goublaye et d'Eléonore Bertho, Nobles gens Louis-Gilles
Goudrel sœur de la Courbrie et Claude Goudrel sieur de Beaurepère, enfans et
heritiers de Noble homme Allain Goudrel et de dame Anne-Cristophlette de La
Goublaye sieur et dame de Beaurepère, lesdits Hillaire et Cristophlette frère et
sœur enfans et héritiers de feu Ecuyer Ollivier de La Goublaye sieur de Lihernoël
et de dame Gabrielle Bouan son épouze, par lequel acte, pour terminer les causes,
instances, procès et pretentions qui ont été et qui étoient entr'eux au Parlemens
et dans plusieurs jurisdictions tant au sujet de la vente faite par lesdits sieur et
dame de Beaurepère de partie du Plessix Rabel les droits de partage, rapports
procomptes de levées, attouchements, abats de bois, demolitions, mises, receptes,
payement de dettes, credits et subrogations en iceux tant au sujet des successions
desdits Ollivier de La Goublaye et Gabrielle Bouan sieur et dame de Lihernoël,
que de la succession d'Ecuyer Gilles de La Goublaye et de demoiselle Julienne
Robert son épouze, sieur et dame de la Ville Poinse, père et mère dudit Ollivier
de La Goublaye de Lihernoël auteur commun des parties, tout quoi étoit pendant et n'avoit pu être terminé à cause des saisies, procès avec plusieurs au sujet
de toutes lesdittes successions, les minorités arrivées et le peu de valeur des biens
d'icelles successions, pour tout quoi fixer et terminer il auroit été convenû que
chacune des parties se contenteroit des jouissances dont elle étoit en possession
et que lesdits Goudrel auroient payé aux dits de La Goublaye la somme de trois
cents livres au moyen de quoi ils se seroient quittés respectivement de toutes
affaires passées, exprimées ou non exprimées sans reservation.

Sur le neufvieme degré, extrait baptistaire de François-Jan-Baptiste fils de Messire
Charles-François de La Goublaye et de Dame Hélène-Janne Guespin sieur et dame
de Bellenoë du vingt-deux juin mil sept cents seize, signé au delivrement J. Ruello
recteur de Lamballe ; Extrait des épouzailles de Messire François-Jan-Baptiste de
La Goublaye sieur de Bellenoë capitaine de cavalerie au regiment de Crussol fils

de Messire Charles-François de La Goublaye et de Dame Helene-Janne Guespin et demoiselle Marie-Joseph Quérangal de la Ville Hery du dix-huit janvier mil sept cents cinquante-deux, ledit extrait signé au delivré Expilly, recteur de Saint-Martin de Morlaix ; Extrait baptistaire de Joseph-Emanuel fils d'Ecuyer Charles-François de La Goublaye sieur de Bellenoë et de dame Helene Guespin, son épouze du vingt-huit mars mil sept cents dix-huit signé au delivré J. Salmon, recteur des paroisses de Notre-Dame et Saint-Jean de Lamballe ; Prisage, désignation et partage des biens Nobles et roturiers, propres et acquêts, dépendants des successions directes de Messire Charles-François de La Goublaye et de Dame Helene-Janne Guespin sieur et dame de Bellenoë fait le trente unieme janvier mil sept cents soixante-deux par Messire François-Aimé Le Normand sieur de Lourmel, Messire Marie-Antoine de Bedée chevalier sieur de la Bouetardaye et Messire Jan-Baptiste-Joseph Rouxel chevalier sieur de Lescouet priseurs Nobles entre Messire François-Jan-Baptiste de La Goublaye sieur de Bellenoë capitaine au régiment de cavalerie d'Orléans, chevalier de l'Ordre Royal et Militaire de Saint Louis fils aisné héritier principal et Noble desdits sieur et dame de Bellenoë et collatéral de demoiselles Marie-Eléonore et Anne-Claude de La Goublaye dames de la Ville-Bellanger et de la Lande ses sœurs, Messire Joseph-Emanuel de La Goublaye sieur de la Ville-Bellanger lieutenant au même regiment et dame Elizabeth-Janne de La Goublaye épouze et autorisée de Messire Flaminio comte de Cirty ancien lieutenant-colonel du regiment de cavalerie de La Ferronnaye chevalier de l'Ordre Royal et Militaire de Saint-Louis.

Sur le dixième degré, Extrait baptistaire de Joseph-Marie-Jan-Baptiste fils d'Ecuyer François-Jan-Baptiste de La Goublaye sieur de Bellenoë capitaine de cavalerie au regiment de Crussol et de dame Marie-Joseph de Querangal son épouze du quinzième décembre mil sept cents cinquante-cinq, ledit extrait signé J. Ruello, recteur de Lamballe.

Sur le sixième degré de la filiation du sieur du Perray, un extrait baptistaire de Jacques de La Goublaye fils Gilles et Julienne Robert sa femme du dix août mil cinq cents quatre-vingt-dix-huit signé au delivré René Le Métayer recteur de Hénansal ; Acte passé le seize septembre mil six cents trente-huit devant les notaires de Lamballe par lequel au moyen du payement fait par Ecuyer Jacques de La Goublaye sieur de Bellestre faisant pour demoiselle Julienne Robert sa mère en l'acquit de maître Gilles Richard sieur de la Ville-Tréhorel d'une levée de quatorze livres dues de rente à Messire René Le Provost l'un des prestres des églises de Notre-Dame et Saint-Jean de Lamballe, ledit Le Provost auroit donné mainlevée des arrêts par lui mis sur les fruits de la métairie de la Ville-Tréhorel ; Extrait des épousailles de Gilles de La Goublaye Ecuyer sieur de Bellestre et damoiselle Gillette de La Motte en présence de Dame Renée Thomas épouze de Pierre de La Motte Ecuyer sieur de la Motte-Rouge père et mère de la ditte Gillette de La Motte du dix-sept septembre mil six cents cinquante-deux, ledit acte signé des parties et de Jan Leduc prestre de l'Eglise de Lamballe ; certificat donné le sept novembre mil sept cents soixante-neuf par J. Ruello recteur de la paroisse de Notre-Dame et Saint-Jean de Lamballe par lequel on voit qu'il manque plusieurs registres, savoir depuis le trente octobre mil six cents trente-sept jusqu'au cinq novembre mil six cents soixante-cinq et que l'enregistrement des épouzailles de Jacques de La Goublaye et de Gillette de La Motte du dix-sept septembre mil six cents cinquante-deux se trouvant dans lesdits registres perdus, il lui a été impossible d'en délivrer l'extrait qui lui étoit demandé.

Sur le septième degré, extrait baptistaire de François-Charles fils d'Ecuyer Jacques de la Goublaye sieur de Bellestre et de damoiselle Gilette de La Motte, sa compagne du trente may mil six cents soixante, ledit extrait délivré par Meheust recteur de la paroisse de Saint-Sauveur de Rennes. Contrat de mariage passé le quinze janvier mil six cents quatre-vingt sept devant les notaires de Lamballe entre Ecuyer François-Charles de La Goublaye sieur de Closneuf fils puisné d'Ecuyer Jacques de La Goublaye et de dame Gillette de La Motte sieur et dame de Bellestre, et damoiselle Mathurine Halna. Extrait des épouzailles d'entre noble homme François de La Goublaye sieur du Closneuf de la paroisse de Hénansal et damoiselle Mathurine Halna dame du Perray de la paroisse de Maroué du cinq fevrier mil six cents quatre vingt sept, signé au délivré Crétual recteur de Maroué.

Sur le huitième degré, extrait baptistaire de François-Louis fils d'Ecuyer François de La Goublaye sieur du Closneuf et damoiselle Mathurine Halna du trois avril mil cix cents quatre-vingt-huit delivré par Crétual recteur de Maroué ; Extrait des épouzailles d'Ecuyer François-Louis de La Goublaye, sieur du Perray de la paroisse de Lamballe et dame Marguerite Jouannin de la paroisse de Saint-Michel de Saint-Brieuc en présence des pères et mères des épouzés, ledit extrait signé au delivré Hillion recteur de Saint-Michel de Saint-Brieuc ; arrest de la cour rendu le quatre juillet mil sept cent quarante entre Marie-Anne de La Goublaye, épouze d'Ecuyer Joseph de Boisbilly appelante de sentence de Lamballe du douze may mil sept cents trente-huit, sur une designation de partage et Ecuyer François-Louis de La Goublaye du Perray intimé par lequel la Cour auroit mis l'appellation au néant et ordonné que ce dont étoit appel sortiroit son plein et entier effet et auroit condamné les appelants en tous les dépens des causes d'appel.

Sur le neufvième degré, extrait baptistaire de Thomas-Louis, fils de Messire François-Louis de La Goublaye, Ecuyer, sieur du Perray et de dame Marguerite Jouannin son épouze du trente may mil sept cents vingt delivré par J. Ruello, recteur de la paroisse de Lamballe. Extrait des épousailles de Messire Thomas-Louis de La Goublaye sieur du Perray fils de Messire François-Louis de La Goublaye, sieur du Perray et de dame Marguerite Jouannin, et demoiselle Marie Bureau, dame de la Ville-Evan du dix-septième décembre mil sept cent cinquante-deux, signé au delivrement J. Louel, recteur de la paroisse de Saint-Martin de Josselin ;

Délibérations des Etats de Bretagne des quatorze novembre mil sept cent soixante deux et vingt-deuxième mars mil sept cents soixante cinq par lesquelles ils ont nommé dans l'ordre de la noblesse le sieur de La Goublaye du Perray pour l'un des commissaires dans l'évesché de Saint-Brieuc, l'extrait desdites delibérations signé de La Bintinaye, greffier des Etats. Certificat donné par ledit greffier des Etats le six aout mil sept cents soixante-neuf que Thomas-Louis de La Goublaye du Perray est employé dans l'état des vingt anciens gentilshommes qui suivant l'ancienneté de leurs inscriptions devoient toucher la gratification de deux cents livres chaque en la tenue des Etats tenus à Rennes en l'année mil sept cents soixante-six.

Sur le dixième degré, extrait baptistaire de François-Louis fils d'Ecuyer Thomas-Louis de La Goublaye sieur du Perray et de dame Anne-Marie Bureau son épouze du dix-sept octobre mil sept cents cinquante trois delivré par J. Ruello, recteur de la paroisse de Lamballe.

Conclusions du procureur général du roi du vingt un aoust mil sept cent soixante dix, conclusions du procureur sindic des Etats prises sur le tout le vingt-un juin mil sept cents soixante dix, nouvelles conclusions du procureur général du Roi prises également sur le tout le vingt-sept juin mil sept cents soixante-dix et tout ce que par lesdits demandeurs a été mis et produit par devers ladite cour ; Sur ce ouï le rapport de Maître de La Noüe conseiller en grand chambre et tout considéré.

La Cour, faisant droit sur le tout, a maintenu et maintient lesdits Félix-Bonna-venture de La Goublaye des Salles, Charles-Anne-Félix et Félix Jean-Joseph, de La Goublaye ses fils, Rodolphe-Emanuel de La Goublaye de Nantois, Thomas-Marie-Bernard de La Goublaye, Emanuel-Toussaint-Joseph et Jean-Baptiste-Toussaint de La Goublaye ses frères, Louis-Bernard de La Goublaye de la Ville Tual et Victor de La Goublaye son fils, François Victor de La Goublaye du Gage,

Louis-Bonnaventure de La Goublaye des Aulnais, Louis-Yves de La Goublaye des Vaux et Marc-Jan de La Goublaye son frère, François-Jean-Baptiste, de La Goublaye de Bellenoë et Joseph-Marie-Jan-Baptiste de La Goublaye son fils, Joseph-Emanuel de La Goublaye de la Ville-Bellanger, Thomas-Louis de La Goublaye du Perray et François-Louis de La Goublaye son fils, dans la qualité d'Ecuyer et de Noble d'extraction et aux droits d'avoir armes et écussons timbrés appartenants à leurs familles qui sont de gueulle au fretté d'argent avec une bande d'azur sur le tout, et pour suport deux Léoparts et aux droits d'entrée, séance et voix délibératives aux Etats ; en conséquence, ordonne qu'ils jouiront des honneurs, privilèges, exemptions et prérogatives dont jouissent les autres Nobles de la Province, tant qu'ils vivront noblement et ne feront acte de derogeance à noblesse, et que leurs noms seront inscrits dans le catalogue des Nobles ; au surplus a maintenu ledit Félix-Bonnaventure de La Goublaye des Salles dans la qualité de chef des noms et armes de La Goublaye.

Fait au Parlement à Rennes le treize juillet mil sept cents soixante-dix.

L. PICQUET.

Controllé... etc.
Epices... etc.

QUELQUES

PIÈCES JUSTIFICATIVES

Montre de Jean de Tournemine (1383) (1)

La monstre de Messire Jehan seigneur de Tournemine chevalier banneret III chevaliers bacheliers et LVII écuyers de sa chambre receüe à Thérouenne le XXVIII septembre MCCCLXXXIII.

Ledit Messire Jehan, Mons. Pierre Tournemine, M. Pierre de l'Argentaie, M. Guil. La Vache, Pierrot Le Voier, Pierre Roussel, Guil. de Vignac, Michiel de Guehenouc, *Olivier de la Goublaie,* Jehan Normant, Pierrot de La Cornillère, Alain Budes, Jehan Bernart, Thomas Garuen, Pierrot Henry, Alain de la Haie, Eon de Ploufragan, Pierrot Conan, Jehan de la Roë, Jehannet de la Roë, Roulant Rimou, Rolant Hersart, Olivier Budes, Guil. Mauretat, Symon Le Feuglé, Jehan Ménart, Thomas Veran, Jehan Guietelievre, Giefroy Remont, Bertran Boquili, Bertran des Noes, Jehannet Le Roy, Robin le....., Roulant....., Julien de la Piquière, Guillemet Roussel, Perrot Huet, Roulant Hurel, Alain de Launay, Olivier Gouriou, Jehan Symon, Rouland Piron, *Thébaud de Goublay,* Pierrot Le Roux, Guillaume Jégou.

---

(1) Dom Lobineau, *Hist. de Bretagne,* t. II, col. 643 et 644 ; Dom Morice, *Preuves,* t. II, col. 436.

*Compte de Ollivier Bernard, receveur de Lamballe du 17 janvier 1403
au 17 janvier 1404 (1).*

F° 4 r°. — La paroaisse de Mélin.

La degrepie Jouhan de la Roeue et Thébaud de la Goyblaye et sa femme a
cause d'elle comme heresse de Guillemine Ferron sur les héritaiges qui furent à
ladite Guillemine...................................... XLVIII sols

F° 14 v°. — Coustumes.

De la ferme de la coustume dou port de Davoet que tint par ferme Thébaud
de la Gouyblaie au pris par an de.......................... III frans

*Compte de Morice de Lesmelleuc receveur de Lamballe du 12 juillet 1411
au 12 juillet 1412.*

F° 2 v°. — La parroesse de Melin.

Aveline Ferron et Gillet de la Gouyblaye sur les heritaiges qui furent Guille
Ferron en celle parroesse................................ XLVIII sols

F° 8 r°. — Pleuneut.

Gillet de la Goublaye sur la tenue de la meson qui fut Colin Legay.. V sols

F° 15 r°. — Coustumes.

De la ferme de la coustume du port de Daouet que tint par ferme Gillet de
la Gouyblaye, au pris par an de VI frans, s'en charge pour ledit an.. VI frans

---

(1) Archives des Côtes-du-Nord, E 79.

Fº 22 vº. — Rachaz par deniers.

Dou rachat Thébaud de la Goeblaye décepdé au maes de novembre l'an mil quatre cent et onze par le rapport de Gillet de la Goeblae filz et heoir doudit deffunt, savoir est II perrees forment et II perrees seille de rente de mangier qui deues estoint audit Thébaut par chacune feste de Noel sur la tenue de la Ville-Hervi et XII deniers de rente pour char ouquelle tenue sont tenours Guille Lebloy, Allain Gervesse et aultres leurs consors, et I boessel de blé de mangier, les dou pars forment et le tiers seille, sur le tenement dou Four Jocelin aveucques VIII sols de convenant deuz sur celui tenement ouquel sont tenours Jehan Caresmel, Jehan Guille et aultres leurs consors. Some doudit rachat, celui blé aprecié à monnoie au pris que dit est.............. XLIX sols VIII deniers

Compte du même du 12 juillet 1419 au 25 fevrier suivant.

fº 2 vº.

De la coustume de Daoet qui fut affermée à Gillet de la Goublaye au pris par an cler à court de IX livres ; s'en charge ledit receveur pour le temps desdits neuff moys de.................................... VI livres XV sols

Compte de Rolland Baluczon recepveur de Lamballe depuis le 27 Mars 1419.

Fº 5 vº. — La parouesse de Mielin.

Aveline Ferron et Gillet de la Goueblaye sur les heritages qui furent Guille Ferron en celle parrouesse.............................. XLVIII sols

Réformations de noblesse du XVme *siècle* (1).

ÉVÊCHÉ DE SAINT-BRIEUC

Enquestes de plusieurs parroisses du terroir de Lamballe par Louys Le Nevou alloué et Even Le Morgant commissaires.

SAINT-ALBAN

NOBLES

Rolland de la Houssaye.

Jean Quetier.

Perrot de la·Houssaye.

Hamon Quetier.

Jean de la Houssaye et sa mère.

Guille de la Houssaye.

Gilles de la Gouyblaye.

Guille Heliguen.

Jehan Labbé.

Marguerite de la Court.

Thebaud de la Houssaye.

Jean de la Houssaye.

Juhel des Moulins.

Pierre de la Houssaye.

Guillou de la Houssaye.

Thebaud de la Houssaye.

Thebaud filz Thebaud Piron.

Jean Chappelle.

Ollivier Juhel.

Jehan Abraham.

Jehan de la Gouyblaye.

Jehan Anisan.

Ollivier de la Chappelle du Tertre.

Rolland de la Vigne.

SE DISANTS NOBLES
Contrariés des parroissiens

Guille des Moulins.

Estienne Seal du Breill.

Pierre le Testu.

Rolland Menier.

---

(1) Manuscrit de la bibliothèque de Saint-Brieuc.

Rolland de la Houssaye, sieur de la Villenéant.

Rolland Ollivric, sieur du manoir de Girault.

Louys Visdelou, sieur de la Villéon.

Juhel de la Houssaye, sieur des Clos.

Rolland Halliguen, sieur de L'Hostellerie.

Pierre Rogon, sieur de Saint-Berguet.

Pierre Hercouet, sieur de Mauny.

La dame du Vaucler, dame de la Ville-Piron.

La métairie Jean Abraham, à L'Hostellerie.

Jean de la Gouyblaye, sieur de la Gouyblaye.

La dame de la Lande, audit lieu.

Datté du moys de juillet 1427.

PLESTAN

NOBLES

Pierre Cliczon et Ysabel Rolland, mère de sa femme.

Jean Bedelle.

Guill⁰ Rolland.

Juhel Rolland.

Robert et Jouhan le Ruffet.

Guill⁰ Jouhan.

Ollivier de la Goublaie et Olive Le Noir.

Thomas de la Fontaine et sa mère.

Jean Labbé.

Perrot et Ollivier Roti.

Guill⁰ Roti.

Ollivier Hingant.

Robine deguerpie Ollivier Hingant.

Margot deguerpie Jean de Couespelle.

Guill⁰ de Couespelle.

Guill⁰ Rolland.

Bertrand Hingant.

Guillaume Hingant.

Jean Hingant.

Jean Lesné.

Jean le Batard.

Perrot Glé.

Briette deguerpie Ollivier Bernier.

Robert le Noir.

Amice Rolland deguerpie Jean Martel.

METAYRIES

Juhel Rolland, sieur de la Ville-au-Leon.

Robine du Breil, dame de la Tousche.

SE DISANTS NOBLES

Guille Mahé.

Jullien Gautier et sa mère.

Jamet le Bourdays et André le Bourdays.

Perrot Rouxel.

Jean le Moenne.

Pierre le Gueussu.

Jouhan Martel.

Guille Aubret.

Datté le 11 juillet 1427.

Compte d'Allain Guillemet receveur de Lamballe du 18 Mai 1429 (1)

F° 4 v°. — La parroesse de Melin.

Aveline Ferron et Gillet de la Goyblaye sur les heritages qui furent à Guille Ferron en cette parroesse................................ XLVIII sols

F° 13 r°. — La parroesse de Pleneut.

Colin Legay sur sa tenue de sa meson que tient Gilet de la Goyblaye.. V sols

---

(1) Archives des Côtes-du-Nord, E, 80.

Compte du même du 10 Novembre 1431 au 23 Novembre 1433.

F° 10 r°.

De la coustume du port et havre de Daouet que Gillet de la Goyblaie tint par ferme pour deux ans finis le darrain jour de apvril 1432 pour la somme de LV sols par an dont ce receveur compta à son darrain compte d'un an et demi d'icelle ferme et a présent compte du darrain demi an fini les jour et an dessus dits.. XXVII sols VI deniers

Et de nouvelle ferme fut celle coustume du port et havre de Daouet baillée pour un an commenczant au premier jour de may l'an 1432 à Gillet de la Goyblaie pour la somme dont se charge de...................... XL sols

Compte de Charles Mansel receveur de Lamballe du 15 juillet 1434
au 14 février 1435.

F° 3 r°. — Paroisse de Meelin.

Les heoirs Aveline Ferron et Gillet de la Goyblaie sur les heritages qui furent Guille Ferron.. XLVIII sols

F° 8 v°. — En la parrouesse de Pleneut.

Gillet de la Goiblaie sur la tenue et maison qui fut Colin Legay.... V sols

F° 22 v°. — Acquestz de heritaiges.

Gillet Quessot pour l'acquest qu'il fist de Gillet de la Goyblaie et sa fame.

F° 24 r°. — Vente de heritages.

De Tiphaine Hervé pour et ou nom de ses enffans pour vente d'un acquest de héritage que elle fist de Olivier de la Goyblaie et sa fame pour la somme de XII livres.. XXX sols

Serment de fidélité des nobles du pays de Lamballe au Duc en *1437* (1)

.............Jacquet de la Goyblaie..............

............Olivier de la Goublaye filz Gillet......

Rachat de Gilles de la Goublaye *(1440)* (2)

Cy ensuilt le minu des terres et heritaiges qui furent à feu Gillet de la Goyblaye décédé ou moys de may derrain passé qu'il avoit et tenoit en foy ès fiez prouches de la court de Lamballe, rapporté par Olivier de la Goyblaie filz aisné et principal heoir dudit deffunt à Charles Mansel receveur de Lamballe, pour en joïr ledit receveur de la levée d'un an par cause de rachat. Premier, estoit deu audit deffunt sur un tenement appelé la Ville-Hervy sis en la parrouesse de Meelin deux perrées de froment, deux perrées de seille de rente de mangier à poier par deniers au prix.... etc.... Desquelles choses est a rabatre pour Ysabel du Feu veuffve dudit deffunt une tierce partie a elle appartenant par cause de douaire. Et a relaté ledit Olivier de la Goyblaye que a sa savance ledit deffunt ne tenoit aucuns aultres heritaiges ne em plus large que dit est, dont rachat appartienne audit receveur.

Donné tesmoin le passement de la main dudit Olivier et les passemens ci-après escriptz à sa requête le xvıı^me jour de Juign l'an mil quatre cent quarante.

Olivier DE LA GOUYBLAYE voir est.   R. LE CORGNE, passe.

(1) Dom Morice, *Preuves*, t. II, col. 1303 ; Dom Lobineau, t. II, col. 1051 et 1052.

(2) Archives des Côtes-du-Nord, E, 289.

Reformations de noblesse du XVe *siècle* (suite) (1)

ÉVÊCHÉ DE SAINT-BRIEUC

ERQUY

C'est le minu de ladite parroisse faict par Jean Troussier, Bertrand le Champion et Pierres Raoul en vertu de commission du Duc du 7 may derain et l'enqueste le 29 juillet 1440, d'eux signé.

NOBLES

Mre Bertrand de Poretz.

Geffroy du Quelenec.

Jan de Saint-Méloir de Langourient.

Jean Le Felle.

Thomas de Sainct-Méloir.

Jean Rogon.

Guille Raoul.

Rolland Rogon.

Jean de Saint-Méloir.

Pierre Raoul.

Bertrand de Saint-Méloir.

Jacques de la Goiblaye.

Pierre de Lision.

Ollivier Rieu.

Rolland Phelippes.

Thomas de Cargoet.

Rolland de la Houssaye.

Rolland Courant.

Pierre Courant.

Ollivier Grassen.

Mathelin Pinel.

Guille Piédet.

AUTRES SE DISANTS NOBLES

Ollivier Denis.

Jehan Audoart.

Pierre Audoart.

Rolland du Temple.

Pierre Robert.

---

(1) Manuscrit de la bibliothèque de Saint-Brieuc.

METAYRIES

Le sieur de Ploretz sieur du Plesseix.

Le sieur de Bien-Assis audit lieu.

Le sieur de Langourient.

Allain du Gouray sieur de la Motte.

Ollivier de la Reuee, sieur du Travers.

Thomas de Sainct Meloir, sieur du Travers.

Le sieur de Beauregard, sieur de la Ville-Josselin.

Jean du Vaucler, sieur de l'Islet.

Le sieur de Bien-Assis, sieur du Fougeray.

Jean Hingant, sieur du Pusset.

Jean le Felle, sieur de la Villegoures.

Gilles de la Chequetais, sieur de la Mouguerie.

L'abbé de Sainct-Aubin, sieur du Fié Carreuc.

Ollivier Garrouet, sieur de la Longueraye.

Marie de Sainct-Meloir, dame des Vergiers.

PLESTAN (1441) (1)

NOBLES

Guillaume Rolland.

Thomas Davy de Kersugal.

Thomas de la Fontaine et sa mère.

Ollivier Davy du Pontneuf.

---

(1) D'après un manuscrit de la Bibliothèque Nationale. — Dans une réformation de la même paroisse du mois de juin 1440, Olivier de la Goublaye n'est pas mentionné.

Rolland du Boishardy.

Marie Moysan deguerpie Chaucheterre.

Ollivier Brunart et Jean son fils.

Juhel Rolland.

Jean le Ruffec.

Jean L'abbé.

Robert le Ruffec.

Guillaume Jean.

Jean Lesné.

Perrot Glé.

Jean Le Diré.

Jean Rouxel.

Ollivier Rosty.

Ollivier Leon.

Ollive Gralen.

Ollivier Hingant.

Perrot Rosty.

Jean Bedelle.

Pierre Cliczon et Ysabelle Rolland, mère de sa femme.

Ollivier de la Goublaye et Colline Le Noir.

Thomas du Boishardy.

Guillaume Rosty.

Jean de la Motte.

Jean de Lesmelleuc.

Jean des Rondiers.

Jan Visdeloup.

Ollivier du Boishardy.

Jean de Hillion.

Geffroy Gallebois.

Thomas Simon.

Guillaume Boquet.

Ollivier de la Villéon.

Jean le Bastard.

Jean de Lescoët.

AUTRES QUI SE DISENT NOBLES ET SONT EN DÉBAT

Charles Chaucheterre.

Jean Chauceterre.

Eon de Pledran.

Ollivier Davy.

Barthelemy et Ollivier fils dudit Eon ci-dessus en menage.

Jean Berthou dit avoir lettres de franchise.

Perrin Couespelle, Pierre son fils et Guillaume Couespelle disent pareillement avoir lettres de franchise.

PLÉNEUT (2)

Enqueste faicte le 4ᵉ juin 1444 par vertu de commission du Duc du 3ᵉ apvril 1443 par Ollivier Le Boulengier, lieutenant de Montcontour et Jean Gibon à ce commis, d'eux signée à la fin.

NOBLES

Guilⁱᵉ Morvan noble.

Jean Olivric annobly.

Rolland Heliguen noble.

Johannet Gourhan que l'on dict noble.

La metayrie Geffroy du Quelenec.

L'hostel du sieur du Guemadeuc.

L'hostel Jean de la Cour, franc.

Le sergent du sieur du Guemadeuc exempt.

Le sergent du sieur du Vaucler exempt.

L'hostel du Vaucler noble.

Guillo de Souleville bastard de Langan exempt.

L'hostel Jullienne de la Vigne noble.

L'hostel du Peillart appartenant au sieur de Guémadeuc.

Messire Roland Madec sᵣ de lieu peschaige, lieu ancien.

Lancelot Goueon.

Ollive de Kermello noble.

Honorée de Montbourcher dame de la Vigne.

Ollivier de la Chapelle noble.

Louys Thomas noble.

Thephaine de Lescouet noble.

Macet Juhel noble.

Ollivier de la Goublaye.

LE BOURG

Symon Heligan noble.

Loys Thomas noble.

Jean Tortebarbe noble.

Jullien Guyomar noble.

L'hostel Rolland de la Blay noble.

---

(1) Manuscrit de la Bibliothèque de Saint-Brieuc.

Compte d'Antoine de Bréhant receveur de Lamballe du 11 avril 1445 au 23 juin 1446 (1)

Fº 3 vº. — Parroisse de Meelin.

Les hers Aveline Ferron et Gillet de la Goublaye sur les heritaiges qui furent Guille Ferron, dont la femme Guille de Coespelle en doit XX sols de rente.   XLVIII sols

Fº 10 vº. — Parroisse de Pleneut.

Les hers Gillet de la Goublaye sur la tenue et maison qui fut Colin Legay.   V sols

Doaires. — Fº 35 vº.

Selon un aultre compte fait et rendu par ledit Charlles Mansel en mars 1441.

Ysabel du Feu femme Gillet de la Goublaye sauva IX sols VI deniers II tiers de deniers une perrée et tierz de quart de froment.

Compte du même du 23 juin 1446 au 11 décembre 1448.

Moulins à blé. — Fº 36 rº.

De la ferme des moulins de Daouet, de Menard et de Saint-Qué......

Et de nouvelle ferme furent lesdits moulins de Menart et de Sᵗ-Que affermez par ledit receveur à Olivier de la Goublaye pour deux ans qui commanczèrent le premier jour de juillet 1448 à XXVI perrées froment par an ; dont ce receveur soy charge d'un quartier de ladite ferme fini le derrain jour de septambre 1448 de VI perrées I boessel froment.

---

(1) Archives des Côtes-du-Nord, E 81.

Douairieres. — F° 51 v°.

Ysabel du Feu femme Gillet de la Goublaye sauva IX sols VI deniers II tiers de denier une perrée et tierz de quart froment.

Elle vit.

Compte de Roland Le Forestier receveur de Lamballe du 4 Novembre 1455 au 10 juin 1456 (1)

F° 4 v°. — Meelin.

Les hers de Aveline Ferron et de Gillet de la Goyblaie sur les heritaiges qui furent Guill^e Ferron comprins XX sols que doibt Guill^e de Couespelle.... XLVIII sols

F° 12 r°. — Pléneut.

Les hers Gillet de la Gouiblaie sur la meson qui fut Colin Legay... V sols

Extrait du cinquième compte d'Olivier Baud trésorier des guerres en 1465 (2).

Homme d'armes à la grande paye..... Guillaume de Gouiblaie depuis le 15 octobre (1464)..... Olivier de la Gouyblaie.

Compte de Pierre de Beaulieu receveur de Lamballe de 1471 à 1476 (3).

Douairieres. — F° 67 v°.

Ysabeau du Feu famme feu Gillet de la Goublaye sauva IX sols VI deniers II tiers de denier.

Elle vit et est mere Olivier de la Goublaye Ville-es-Costars.

---

(1) Archives des Côtes-du-Nord, E 82.

(2) Dom Morice, *Preuves*, t. III, col. 119 et 120.

(3) Archives des Côtes-du-Nord, E 82.

Rachaz. — F° 84 r°.

Le rachat feu Jacquet de la Goublaye décepdé en la fin du mois d'apvril l'an 73 rapporté à ce receveur, monte sellon le minu et rapport en fait audit receveur par Rolland de la Goublaye frère et heir dudit deffunct, oultre V quars de froment mesure du Chemin-Chaucé à Jehan Abraham de l'Ostelerie et audit Rolland de la Goublaye et ses sœurs par monnoie III deniers et par froment dicte mesure du Chemin-Chaucé VI boesseaulx II tiers de boessel I quart et I tiers de quart de juste froment, sur quelles charges déduictes sur le grant dudit rachat reste qu'il demeure à cler dont ce receveur fait charge, savoir par monnoie VI deniers, *etc....*

Reveue de la montre génerale des Nobles, annobliz et autres tenans fiefs nobles de l'Evéché de Saint-Brieuc tenue à Moncontour devant nobles et puissants le sire de Quintin, le sire de Vauclerc, commiz du Duc notre souverain seigneur quant a ce et a autres finz selon leur pouvoir et commission selon le mandement de notre souverain seigneur datié le seizieme jour d'aoust darain, les ouitieme, neuvieme et deizieme jourz de septembre l'an mil quatre cent soixante-quinze (1).

La Chatellenie de Lamballe

. . . .

Rolland de la Goublaye de Saint-Auban II brigandines, salades, Jusarmes, chevaulx.

. . . .

Ollivier de la Goublaye de Plurien en brigandine, salade, iusarme I cheval.

. . . .

Jehan seig^r de la Goublaye a II brigandines, salades, arcs, trouxes, III chevalx.

---

(1) D'après un procès-verbal de compulsoire de 1698 (Arch. de Nantois).

Compte de Jannette de la Villéon, veuve de Pierre de Beaulieu, receveur de Lamballe du 1ᵉʳ octobre 1476 au 1ᵉʳ octobre 1479 (1).

Douairières. — Fᵒ 46 vᵒ.

Ysabeau du Feu famme feu Gillet de la Goublaye sauva IX sols VI deniers II tiers de denier. Elle est decepdée et pour ce s'en charge.   IX sols VI deniers II tiers de denier.

Revue des Nobles de l'Eveché de Saint-Brieuc tenue à Moncontour en janvier 1479 (2).

ERQUY

. . . .

Jehanne de la Goublaye 4ˡ

. . . .

SAINT-ALBAN

. . . .

Ollivier de la Gouyblaye 30ˡ d'ordonnance.

. . . .

Jehan de la Gouyblaye seigneur de la Gouyblaye par Gillet de Rubien en brigandinne, salade, espée, arc, trousse et 2 chevaulx.

PLANGUENOUAL

. . . .

Rolland de la Gouyblaye 140ˡ a 2 brigandinnes, salades, espées, un a arc et trousse et l'autre un voulge, et 3 chevaulx.

. . . .

(1) Archives des Côtes-du-Nord, E 83.

(2) D'après un manuscrit de la bibliothèque de Saint-Brieuc. — Cette montre a été publiée par M. P. de Courcy sauf les indications de fortune et d'armement.

Aveu d'Olivier de la Goublaye et Jeanne de la Bouexiere (1481) (1).

Par notre cour de Rennes furent présens devant nous en personnes Ollivier de la Goublaye et Jehanne de la Bouexiere sa femme et compagne et epouse, Elle à sa requète Bien et suffisament authorisée du dit Ollivier son Mary aux choses et chacunes contenues en ces lettres soy submettant et sumission deffaict et leurs biens en tant que metier est au pouvoir et jurisdiction de notre dite cour, promettant y fournir droit au contenu et effect en ces présentes et que iceux Mariez par cause d'elle furent et sont cognoissantz et confessent envers Noble homme Jehan Tison seig^r de la Ville-deneu present par notre dite cour et acceptant être ses hommes ét subjectz et de luy tenir prochement par cause d'elle les heritages qui ensuivent sis et estants en la paroisse de Crehen.

Et premier une piece de terre contenant deux journelx ou environ joignant d'un côté à terre Ollivier des Bouaïs et sa femme par cause d'elle et d'autre côté et bout aussi ; — Item une autre piece de terre contenante ung journel et un quart de journel ou environ joignant d'un côté à terre dudit des Bouaïs et sa femme par cause d'elle et d'autre côté au chemin à aller du Guildo à Crehen et d'un bout à terre pareillement desditz Ollivier des Bouais et sa femme par cause d'elle. — Item une autre pièce de terre contenante demy journail de terre ou environ joignante d'un côté à Jacques Blanchard et d'autre côté au chemin à aller de la Picardaye à la Cordonnaye et du bout au chemin dessus déclaré. Sur et par cause desqueulx héritages confessent lesdits Mariés par cause d'elle devoir audit Tison par chacun an au terme de la Saint-Gilles foire de Dinan six deniers de rente et au terme de Nouel le nombre de dix-huit godets de froment de rente

---

(1) D'après un collationné authentique (*mais mal lu*) de 1780. (Archives de Nantois).

de prix selon la valeur et appréciment de Dinan et autre obeissance comme homme et subjets doivent faire à leurs seigneurs. Et tout ce que dessus ont voulus, promis et jurés lesdits de la Goublaye et sa femme par leurs serments tenir sans jamais aller ny faire encontre en aucune manière et de leurs assentements les y avons condamnés et condamnons tesmoins les sceaux des contracts de notre dite cour établie à Dinan. Ce fut fait et grée en la maison ou demoure a present Pierre Tual dehors de la ville de Dinan le troisième jour de septembre mil quatre cent quatre vingt ung. Et auquel même jour, lieu et an ledit de la Goublaye et sa dite femme furent presents par notre cour à l'authorité que dessus firent, font, constituent et etablissent et ordonnent en presence et de l'assentement dudit Tison, Maître Guillaume Taillefer, Guillet Chollet, Maître Ollivier L'Abbé, Jehan du Boisadan, Bertrand Deliguelé, Jehan L'Abbé et chacun à leurs procura-teurs especiaux oyant exprès à ce et chacun donné des dits nombre de rente et chacun ensemble à la dite obeissance soy tourner et avoir pour et es noms desdits mariez par cause d'elle avecques Guillaume Leprovot et Bertranne Tison sa compagne espouse avec promesse de leur en faire exactement continuation et obeissance en fourme qu'etoient iceux mariez tenus de faire audit Tison et Luy Jehan Tison les en quittant deuement sauf droits des levées du temps passé dont a fait expresse reservation sauf a eux à s'en deffendre et generallement exercer es dits procureurs et temoins donnés de faire sur et durant lesdites choses.... Et par chacun promettent lesdits établissans sur l'obligation de leurs biens avoir agréable tout ce que par leurs dits procureurs touchant ce sera fait et besoigné et ainsi l'ont voulu, promis et juré les établissans par leurs susdits sermens tenir et de nous sous lesdits sceaux lesdits jour et an donné comme dessus compris un Judice de chaque. Signé Taillefer passé et Julien l'Abbé passé.

*Montre générale des Nobles, annobliz et autres subjets aux armes et tenant
fiefs nobles en l'Evêché de Saint-Brieuc tenu par Noble et puissant Guyon
de la Motte S^{gr} de L'Orfeille et du Vauclere, et Noble Ecuyer Geffroy
Ruffier capitaine de Redon le tiers, quart et cinquième jour de mai mil
quatre cent quatre vingt trois* (1).

SAINT-ALBAN

Ollivier de la Goublaye XXX livres en brigandine, salade, espée, pertuizane
ung cheval.

Jehan de la Goublaye.

*Enqueste faicte en vertu de commission du duc Françzois ci-inserée en datte du
5 juillet 1484 par Rolland Gauteron sénéchal de Lamballe et Jean Gibon
auditeur des comptes le 17, 18, 19 et 22me aoust 1484 d'eux signée* (2).

SAINCT AULBAN

NOBLES

. . . .

La metayrie du Préauguy appartenant à Rolland de la Goublaye noble homme.

. . . .

La Ville-es-Cotards appartenant à Guill^e de la Goublaye noble homme.

. . . .

Le manoir de la Goublaye appartenant à Jean de la Motte.

. . . .

---

(1) Procès-verbal de compulsoire de 1698 (Arch. de Nantois).

(2) Manuscrit de la Bibliothèque de Saint-Brieuc.

Testament de Rolland de la Goublaye seigneur de Beaumont (1493) (1).

Par notre cour de Montafilant fut présant en droit estably Noble Rolland de la Goublaye seigneur de Beaumont, lequel gissant dans sa demeurance ordinaire malade et se soumettant et soumet et tous et chacuns ses biens meubles o pouvoir et distroit seigneurie et obeissance de notré dite cour, voulu, promis et juré et par son serment y fournir et obeir a droit quant a groier, faire et tenir aux conditions de la presante acte de testament de daraine volonté, voulant donner ordre à son estat et salut de son âme, sachant que la mort est seure et certaine, espérant ledit de la Goublaye donner son ame à Dieu le créateur de nos âmes et de toutes choses, suppliant la tres gracieuse Vierge Marie d'estre son advocate envers notre Sauveur et Redempteur. Et donne son corps à la terre pour estre inhumé après sa mort dans son enfeu et tombe. Veut et ordonne ledit de la Goublaye que ses obseques et funerailles soient faittes ainsy et de la maniere qu'on a coutume faire es personnes nobles et qu'en outre il soit dit et célébré dans les eglises et paroisses de Planguenoual, Saint-Auban, Pleneuf et Plurien, c'est a scavoir en chacunne trante messes à basse voix et qu'il soit dit en laditte Eglise de Plurien cinq messes le vendredy prochain après son décès. Requérant qu'il plaise à Dom Jehan Tostivin prestre de la parroisse de Saint-Auban pour la bonne amitié qui a tousjours esté entre eux vacquer et faire faire lesdittes choses susdonnées a entendre. Veut et ordonne en outre que ses dettes actives et passives où il auroit souscrit ou qui seront sans deception soient acquittées ou aultrement ainsy et de la manière que ledit Dom Jehan le trouvera juste et a

---

(1) D'après un collationné authentique de 1780 (Arch. de Nantois).

propos speciallement qu'il soit baillé à Jehan Mallet seix escus sol que ledit de la Goublaye a reconnu devoir pour bonne et juste raison, outre et par sur deux justes de froment à la mesure de Lamballe aux herittiers Jacquet Le Moenne, pour ce que iceluy dom Jehan prendra et baillera du plus certain de ses effets meublans et de patrimoine pour acquitter et satisfaire tant à ses funerailles qu'autres dettes. Davantage ledit de la Goublaye donne, baille et cède et abandonne des a presant et à tout jamais, pour la considération et bonne amitié qu'il porte à Amauri de la Goublaye son fileul et attandu la parantelle d'entre eux comme étant ledit Amauri fils de N. H. Ollivier de la Goublaye cousin paternel dudit Rolland cinq justes froment que luy devoit de rante ledit Ollivier sur le general de touts ses biens, pour en jouir ledit Amauri comme il pouroit faire de ses propres sous l'authorité requise. Et ainsi s'est ledit Rolland de la Goublaye, devoistu, departi et depossedé pour luy et les siens hoirs successeurs. Veut aussy ledit Rolland que l'obligation de Jacques Raoult luy soit randüe et qu'il en demeure quitte à tout jamais. Déclarant relaisser le reste de ses affaires spirituelles et temporelles en la confidance dudit dom Jehan qu'il a prié ne faire faulte à l'accomplissement de la presante acte faitte du consentement et vray propos dudit Rolland cy-présant saisi de raison, jugement et entendement. A promis ledit Rolland n'en faire jamais nulle ne aucune reclamation ne aller à l'encontre par codicille ne autrement. Et le tout ce que dessus ainsy voullu, groié, promis et juré tenir par leurs sermens particulier y condamné par nos dites cours o submission y jurée sous le scel de l'une d'icelle en la susdite demeurance le quart jour de septembre mil quatre cent quatre vingt treize. Signé Besneraye et Perret passe.

Compte de Vincent le Blanc, receveur de Lamballe du 1ᵉʳ fevrier 1496 au dernier decembre 1499 (1).

Rachats. — Fᵒ 31 rᵒ.

Le rachat de feu Rolland de la Goublaye décédé en l'an 1496, rapporté par Pierres Millon curateur de Marie de la Goublaye herittière dudit deffunct, montant par forment de mengier mesure du Chemin-Chaussée neuff quartz forment, par rente nommée chair IX deniers ; par forment en espèces quatorze perrées y comprins le tout des heritaiges en fonds et les rentes arrentées. Quelles chouses ont été prisées par Olivier Guégan, ...Goro, Guillaume Jehan et Jehan de Lesquen sergens priseurs choisiz et jurez quant à ce. Desquelles espèces se charge ledit receveur.

Accord entre Eustache et Guyonne de la Goublaye (1557) (2).

Sur le differend et litige qui meu et pendant étoit par devant notre cour de Montaffilant et qui se fust peu et pouvoit mouvoir tant par devant la ditte cour que ailleurs entre Damoiselle Guyonne de la Goublaye d'une part et noble homme Eustache de la Goublaye sieur de Bellenos son frère aisné héritier principal et noble de deffunte Colinne de la Houssaye leur mère d'autre part en demande de quatre levées derrainement échües de douze quarts et demis de seigle, mesure de Lamballe que dépens, mises et interets.

---

(1) Archives des Côtes-du-Nord, E 83.

(2) Cette pièce et les suivantes existent en collationnés authentiques aux archives de Nantois.

Laditte rente accordée à la dite Guyonne de la Goublaye aux fins de l'assignation en faite par ledit Eustache sur tous ses biens meubles et héritages pour le droit et portion de son partage de l'estoc et de la succession noble de ladite Colinne de la Houssaye, ainsi et comme aisné noble est tenu asseoir à ses puisnez du consentement et vray vouloir d'autre noble homme Amory de la Goublaye sieur de la Touche veuf de la ditte Colinne leurs père et mère communs sur les fins de non recevoir déduitts par ledit déffendeur après avoir soutenu payement de partie de ladite portion et droits de partage et apuré ce qui étoit de son fait, il y auroit eu reglement de se conclure en écritures et produire de quoy avoient d'une et d'autre parts déduits plusieurs faitz, concluant à depens, et sur l'action que prétendoit mouvoir en la cour de Penthievre au siège de Lamballe ledit Eustache vers laditte Guyonne sa sœur d'avoir remboursement de vingt-huit escu de sol dont elle luy devoit compte, comme les ayant spoliez, disoit-il, lors du décès de la dite Colinne à sondit frere pretendant icelle revenir contre l'accord et transaction faits ensuite entre eux comme étant deceptueux et ne luy ayant fait suffisante raison et sur les diffuges sur ce allegués d'une et d'autre part des parties a été sur ce touchant et sur ce que dessus et ce que depend fait entre les dittes parties présentes en personnes et accord et accommodement comme ensuit ; par lequel accord les dittes parties sont demeurées respectivement quittes en principal, levées et mises de la rente affectée au partage cy-devant mentionnée et generalle-ment et entièrement sans reservation ; jaçoit que par elle le tout ne fut pluz au long déclaré avec cession faite lez uns verz les aultres et actions directes et utiles le tout sans en rien comprendre, les levées dez douze quart et demi seigle dont ladite Guyonne a fait rabais audit Eustache et dont il demeure affranchi et amorti du tout, d'autant qu'il a promis et s'est obligé et comme de fait s'oblige de payer et faire avoir à ladite Guyonne dans quatre mois prochains venants la somme de quatre-vingts écux sols pour toute obligation déclarant laditte Guyonne faire ladite remise et rabais en considération de son filleul Jan de la Goublaye filz aisné dudit Eustache, partant faute d'exécution et payement consenti être contraint par exécution, vente et emploitement de ses biens et heritaiges comme gaiges tous jugés préts à vendre saisie et arrèt sur le fond et sans décret et sans que l'une desdites executions retarde l'autre et a ce moyen hors cours et procèz sans aultre avant d'une et aultre part. Et pour ce que dessus lesdites parties l'ont ainsi vouleu, jugé, tenir, accomplir et par serment sans jamais y contrevenir ni aller à l'encontre. Renonçant à tous delais et subterfuges par notre dite cour de Montaffilant aux soumissions et prorogations y jurées lesdites parties et leurs hoirs sans exceptions quelconques. Le gré prinst au bourg de Hénan près le cimetière le 16ᵐᵉ aoust 1557. Signé Hamon et Grillon, et au-dessus de la signature dudit Grillon l'un des susdits notaires est ecrit : Receu pour mon salaire d'avec ladite de la Goublaye pour la présente grosse et minute : Demy Ecu.

Donation d'Amaury à Jean de la Goublaye (1577).

Sachent tous que par notre cour de Lamballe et de la Hunaudaye fut présent personnellement etably noble homme Amaury de la Goublaye sieur de la Touche, lequel connoissant et confessant avoir par cy devant, de son bon vouloir, plaisir et propos deliberé, donné, quitté et delaissé par pure et simple demission irrévo- cable à noble homme Eustache de la Goublaye sieur de Bel Noe son filz heritier decedé puix l'an darrain, tous et chacunz ses biens heritels et mobiliers en quelque lieu qu'ils fussent et pussent être, ainsi et de la manière qu'ils se contiennent et poursuivent en la paroisse de Planguenoal et de Couesmieuc et qu'il est plus amplement describé au susdit acte de demission o ses reservations rapportées de de Jacque Raffray et Jacques Pensart pour en jouir ledit deffunct Eustache de La Goublaye il et ses hoirs à jamais en l'avenir ainsi qu'avoit et pouvoit avoir droit ledit Amaury. Laquelle prédite demission a été d'abondant approuvée, ratifiée et corroborée par ledit Amaury pour et à cause de noble homme Jan de la Goublaye filz ainé principal et noble dudit defunt Eustache de la Goublaye. Et en outre ledit Amaury de la Goublaye donne audit Jan cy présent et acceptant par pure et simple donation quatre justes de froment mesure de Lamballe qu'il avoit reservée par la prédite demission qu'il a affirmé luy être dûes de rente chacunne année par les heritiers de deffunt Renault Mahé et Noel Jamin de la paroisse de Pléneuf à cause d'allienation en faite par ledit Mahé et Jamin en faveur de pécunne à noble homme Ollivier de la Goublaye père dudit Amaury, au tout de laquelle rente levées et arrérages d'icelle ledit Amaury tant à cause des services que luy a rendu en sa vieillesse que autres bonnes et justes causes a subrogé et supplanté ledit Jan sans reservation voulant que de toutes icelles choses, ledit Jan, ses hoirs et causes ayans en fassent comme de leur propre, le tout pour le tout et aux points, charges et conditions et reservations describées en icelle predite demission dont ledit Jan a dit avoir bonne et entière connoissance et spécialement que ledit Jean continuerait sa pension et entretien audit Amaury durant le reste de sa vie ainsi que ledit Eustache s'en est acquité et à reservation du droit de portion due à Gilles de la Goublaye, ainsi que noble homme est tenu de faire à ses puisnez et dont ladite demission et donation ne pouroit faire prejudice après le decéz arrivé dudit Amaury pour les héritages compris en l'un et en l'autre desdits actes de laquelle prédite demission et de cette présente donation. Ledit Jan a humblement regrassié ledit Amaury de la Goublaye son grand'père qui s'est dessaisi, dévoistu et dépossédé desdites choses et en a saisi en tout droiture et propriété sans reservation ledit Jan et pour ce que celles partyes l'ont voulu, groyé, juré tenir par leurs sermens sans jamais en faire revocations ni venir à l'encontre par testament, codicille ne aultrement a submission jurée sous le scel de nosdites cours et les signes de noble homme Allain Ollivrit sieur de Giraut a requete dudit Amaury qui ne signe et sil dudit Jan le unzieme novembre puis midy mil cinq cent soixante et dix-sept. Ainsi signé Ollivrit, de la Goublaye, Herbert et Grimault.

Accord entre Jean et Gilles de la Goublaye (1581).

Par notre cour de la Hunaudaye, s'est comparu en personne devant Nous notaires et en droit établis noble homme Jehan de la Goublaye du Cabot lequel en tant que metier s'est submit et submet en la jurisdiction et obeissance de notre dite cour au contenu de ces présentes ainsi que Gilles de la Goublaye sieur de la Ville-Poinse son frère puisné entre lesquels pour obvier et faire fin au procès d'entre eux et nourrir paix et amitié que de bon droit doit être, ont ce jour accordé et consenti la presente de leur bon gré et franche volonté à cause des portions et rapports de partage que esperoit ledit Gilles vers ledit Jehan comme étant celuy Jehan filz ainé principal et noble d'autre deffunt noble homme Eustache de la Goublaye et d'Etiennette Josset sieur et dame de Belleno ; en outre demissionnaire d'autre noble homme Amaury de la Goublaye sieur de la Touche son grand'père. Au tout desquelles successions et demissions iceluy Gilles soutenoit que ledit Jehan était détenteur en entier et partant bien fondé à prétendre vers luy partye au noble au partable comme au partable ainsi et de la manière que noble homme est tenu à ses puisnéz. Et ledit Jehan qui de sa part disoit avoir frayé et miz en plusieurs suites de plaiz et procès et autres affaires à cause desdites successions sur lesquels dires et autres raisons et après examen fait des dépendances et circonstances desdits biens se sont accordé à l'amiable pour iceluy Jehan demeurer génerallement quitte et affranchy de toutes rentes et autres pretentions que ledit Gilles pourait espérer à cause desdites successions et partage même de la pension contenue et decritte par acte du treize septembre mil cinq cent quatre-vingt de la somme de quatre cent livres tournois dont ledit Jehan a presentement et au vû de nous payé la somme de deux cent livres et a promis payer et s'est obligé sur touz ses bienz venuz et à venir audit Gilles dans un an prochain la somme de deux cent livres. Au moyen de quoy ledit Gilles a promis faire generallement quitte ledit Jehan et ses hoirs desdittes successions et partage et arrérages tant en principal qu'interêts sans espoir d'autre demande pour cause quelconque. Ainsi sont demeurés hors de cour et de procès d'une et autre part, renonçant à tous delais et subterfuges et pour ce que lesdites parties ont tout ce que dessus voulu et consenty, groyé, promiz et juré tenir par serment sans jamais y contrevenir ni aller à l'encontre aux soumitions et prorogations y jurees en notre cour pour eux et leurs hoirs condamnés.

Fait et passé au chemin chaussé le quatre novembre mil cinq cent quatre vingt un sous le scel de notre dite jurisdiction et le seing des dites parties et des notres. (Signé) Bonnel et Le Roy passé.

FIN

ERRATUM

La note 1 de la page 5 doit être reportée après le premier paragraphe de la page 6.

TABLE

ACHEVÉ D'IMPRIMER
LE 24 MARS 1898

I — Thébaud DE LA GOUBLAYE, Ecuyer en 1383, mort en novembre 1411, était marié en 1403 à N. FERRON (?).

II — Gilles DE LA GOUBLAYE, signalé en 1411, mort en mai 1440. Avait épousé Ysabeau DU FEU décédée vers 1475.

III — Olivier (I) DE LA GOUBLAYE, Sʳ DE LA VILLE-ÈS-COTARDS, vivant en 1427 et 1475, mort avant 1484. Avait épousé avant 1427, Colline (ou Olive) LE NOIR.

IV — Ollivier (II) DE LA GOUBLAYE, Homme d'armes en 1465. Etait marié en 1481 à Jeanne DE LA BOUEXIÈRE.

V — Amaury DE LA GOUBLAYE, Sʳ DE LA TOUCHE, vivant en 1493 et 1577, avait épousé Céline DE LA HOUSSAYE, morte avant 1537.

VI — Eustache DE LA GOUBLAYE, Sʳ DE BELLENGE, mort en 1576, avait épousé avant 1537, Etienne JOCET.

VII

Jean DE LA GOUBLAYE, Sʳ DU CABOT, mort en 1617, avait épousé Jeanne GRIMAULT, dame DU GLOBEL.	Gilles DE LA GOUBLAYE, Sʳ DE LA VILLE-POINSE, mort en 1602, avait épousé Julienne ROBERT, dame DE BEAUVAIS.

VIII

Olivier DE LA GOUBLAYE, Sʳ DE TERTRE-PÉPIN, né en 1583, avait épousé Marie LE PAIGE, dame DE LA VILLENEUVE, en 1636.	Gilles, Sʳ DU CABOT (1601-1662) (tige des branches DES ISLEAUX et DES VAUX, la dernière éteinte fin du XVIIIᵉ siècle).	Olivier DE LA GOUBLAYE, Sʳ DE LIHERNOET, mort en 1645, avait épousé Gabrielle BODAN, dame DE CHATEAUBOURG.	Jacques, Sʳ DE BELLES 1598 (tige des bran BELLESTRE, du Cᵗ DU PERRAY, la derniè fin du XVIIIᵉ siècle).

IX

Charles DE LA GOUBLAYE, Sʳ DU TERTRE-PÉPIN, épousa, en 1662, Marie DELFEUCH, dame DU PRÉ.	Pierre, Sʳ DES ENAYS, né en 1639 (tige des branches DU GAGE et DES AULNAIS éteintes milieu du XIXᵉ siècle).	Hilaire DE LA GOUBLAYE, Sʳ DU PLESSIS-RABEL, épousa en 1673, Eléonore-Bertho DE LA CORNILLÈRE, dame DE LA FORIÈRE.	Claude, Sʳ DE LA VILLE-BELLANGER (branche é-teinte seconde moitié du XVIIIᵉ siècle).

X

Jean, Sʳ DU PONTROUAULT, né en 1669 (tige des branches DU PRÉDÉRO et DES SALLES, la dernière éteinte au XIXᵉ siècle).	Jean-Baptiste-Gilles DE LA GOUBLAYE, Sʳ DE CRÉHEN, né en 1670, épousa en 1697, Jeanne HERSART DE LA VILLEMARQUÉ.	Claude, Sʳ DU PLESSIS-RABEL (1676-1740) (tige de la branche DE BEAU-VAIS éteinte commence-ment du XIXᵉ siècle).	Charles-François DE LA GOUBLAYE, Sʳ DE BELLE-NOE, épousa en 1709, Hélène-Jeanne GUESPIN DE LA HAMMONAIS.

XI

Toussaint-René DE LA GOUBLAYE, Sʳ DE NANTOIS, né en 1698, épousa en 1735, Jeanne OREN DE LA VILLE-MARTIN.	Louis-Bernard DE LA GOUBLAYE, Sʳ DE LA VILLE-TUAL, né en 1701, épousa Anne LE NOIR DE KERA-GLAS.	François-Jean-Baptiste DE LA GOUBLAYE, Sʳ DE BELLENGE, Lieute-nant-Colonel de Cavalerie, mort en 1791, ép. en 1752 Marie-Joséphe DE QUÉRANGAL DE LA VILLEHÉRY.

XII

Rodolphe-Emmanuel DE LA GOUBLAYE, Sʳ DE NAN-TOIS (1747-1809), ép. en 1769, Madeleine DE QUÉ-RANGAL.	Victor DE LA GOUBLAYE, né en 1744, fut maintenu en 1770.	Joseph-Marie-Jean-Baptiste DE LA GOUBLAYE, Cᵗᵉ DE MÉNORVAL (1755-1807), épousa en 1776, Anne-Perrine HERISSON DE BEAU-VOIR.

XIII

François-Emmanuel DE LA GOUBLAYE DE NANTOIS (1774-1827), ép. Marie-Angélique DE FORSANZ.	Jean-Marie-Victor DE LA GOUBLAYE, né en l'an IV, mourut en 1858.	François-Marie DE LA GOUBLAYE, Cᵗᵉ DE MÉNORVAL (1788-1852), épousa en 1825, Agathe-Julie DE LA MOTTE DE LA MOTTE-ROUGE.	Eugène (I) DE L. BLAYE DE MÉNOR né en 1790, ép. DE NEILLE SAINT-MA

XIV

Francisque DE LA GOUBLAYE, Cᵗᵉ DE NANTOIS (1799-1879), ép. en 1825, Marie-Anne HUCHET DE CINTRÉ.	Louis-Marie DE LA GOUBLAYE, né en 1823, mourut en 1896.	Francis DE LA GOUBLAYE, Comte DE MÉNORVAL (1827-1879), ép. en 1861, Caroline DE GI-SANDIN.	Léonce DE LA GOUBLAYE, Vᵗᵉ DE MÉNORVAL (1835-1874), ép. en 1866, Axélie DE LA MOTTE DE LA MOTTE-ROUGE.	Eugène (II) DE LA GOUBLAYE DE MÉNORVAL, mo NEILLE SAINT-MARC

XV

Arthur (I) DE LA GOUBLAYE, Cᵗᵉ DE NANTOIS (1826-1888), ép. en 1856, Marie DE NOMPÈRE DE CHAM-PAGNY.	Frédéric DE LA G., Vᵗᵉ DE NANTOIS, né 1835, ép. en 1861, DE SCEAULX.	Jean-Marie DE LA GOUBLAYE, né en 1865.	Yves DE LA GOUBLAYE, Cᵗᵉ DE MÉNORVAL, Of-ficier de Cavalerie, né en 1861, ép. en 1897, Marie POTIER.	Joseph DE LA GOUBLAYE, Vᵗᵉ DE MÉNORVAL, né en 1869, ép. en 1892, Marie MIRCHEN.	Eugène (III) DE LA G. LA GOUBLAYE DE MÉNORVAL, G né en 1864.

XVI

Arthur (II) DE LA G., Cᵗᵉ DE NANTOIS, né en 1859, ép. en 1862, Louise DE LAVENAY.	Henri DE LA G., Vᵗᵉ DE NANTOIS, né en 1862.	Joseph DE LA G., Vᵗᵉ DE NANTOIS, né en 1869.	Xavier DE LA G. DE NANTOIS, né en 1874.	Marie DE LA G. DE NANTOIS, ép. 1889, Henri HAY DE SLADE, Capitⁿᵉ de Frégate.	Caroline DE LA G. DE NANTOIS, ép. 1889, Alfred Au-DREN, Vᵗᵉ DE KER-DRÉL.	Thérèse DE LA G. DE NANTOIS, ép. 1884, Robert ROUSSEL, Vᵗᵉ DE COURCY.				Pol DE LA GOUBLAYE DE MÉNORVAL, né en 1893	Hervé DE LA GOU-BLAYE DE MÉNOR-VAL, né en 1896.

XVII

Guillaume DE LA G. DE NANTOIS, né en 1896.

www.ingramcontent.com/pod-product-compliance
Lightning Source LLC
Chambersburg PA
CBHW070854280326
41934CB00008B/1441